U0044141

THINKING

邏輯思維 ⟷ 基本概念

理性決策的 ↗ 各種思考工具

謝志高 著

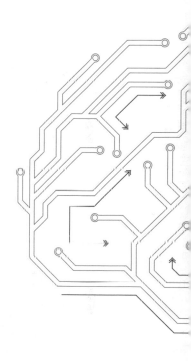

LOGICAL
THINKING

前言

　　「思維」這個詞經常在我們的生活中出現，但人們往往僅停留在知道這個詞而已。「思維」的分類體系有很多，兼具抽象性與應用性極強的特性。它有著自身成熟的理論體系，但是在實際運用的時候，大多數人對於「思維」的掌握還是不夠。我們很容易被自身的慣性思維束縛，無法在思考的時候進行「頭腦風暴」。在這本書中，我們詳細地介紹了思維的基本概念，進而擴展出思維在生活中如何運用。本書的主旨即講清「思維」基本、必備的理論知識，又讓讀者學會運用各種「思維」。

　　筆者憑借近幾年來對於「思維」的深入探索，將自身關於「思維」的心得體會寫於本書中，供您在閱讀中

沿著本書的思路對「思維」建立起自己的獨立見解。書中結合大量的圖片與案例，將抽象又嚴謹的「思維」理論體系呈現在您的面前。本書拋開了深奧艱澀的概念條文，用大量淺顯的案例分析和圖表讓您快速上手；直白、易懂的文字娓娓道來，詳細介紹了「思維」是什麼，以及如何進行顛覆式思維。我們相信，在深入閱讀本書後，您在「思維」上會產生一定的轉變。

⟶ 本書內容及體系結構

第 1 章 零基礎學思維

我們學習一樣東西前要先了解它，了解它是什麼、有什麼特性，進而了解它有什麼作用、我們為什麼要學習它。這一章主要分三個部分來幫助大家了解「思維」，分別是「什麼是思維」、「思維的七大特徵」、「我們為什麼要培養思維」。

第 2 章 養成良好的思維觀念

思維觀念是人們在經驗中、學習中養成的對思維的

看法。這一章主要幫助大家養成良好的思維觀念。

第 3 章 簡單有效的順向思維

「順向思維」，即沿著常規的思路對問題進行分析，通過已知的訊息推導出未知。順向思維簡單有效，是我們思考問題時最常用到的基礎思維。我們在日常生活中一般會優先運用順向思維來思考問題，絕大多數的問題都能夠通過順向思維來解決。

第 4 章 獨辟蹊徑的逆向思維

我們在日常生活中一般都會運用順向思維來思考問題，而有很多時候我們也會遇到「順向思維」解決不了的事情，在這樣的情況下，我們要換一種思路。所以在對一些問題百思不得其解的時候，我們可以試著用「逆向思維」，換一個思考的方向去解決問題。

第 5 章 保持獨立的批判思維

「批判思維」能讓我們不再任憑各種誘惑的擺布。不輕易受情感、欲望、偏見的干擾，能讓我們做出明智的決定、得出正確的結論。

第 6 章 突破常規的創造性思維

英文中的 Innovation（創新）這個詞起源於拉丁語。它有三層含義：第一，更新；第二，創造新的東西；第三，改變。「創造性思維」指的是用新穎的、突破常規的方法去解決問題的思維方法。在這一章中，我們將帶大家一起來了解創造性思維。

第 7 章 說話要有邏輯性

我們在日常生活中離不開語言，它能幫助我們便捷地表述情感、快速地處理訊息。不過，有不少人在說話時會缺乏邏輯性，這樣不便於進行訊息交流，甚至有時候會弄巧成拙，引起不必要的爭吵。

第 8 章 用邏輯思維進行思考

眼見不一定為實，許多固有的觀念也不一定就是對的。這一章講述的就是生活中很多我們認為理所當然的事不一定是對的，通過閱讀分析案例來體會「對待每一件事情都要用邏輯思維去思考」。

第 9 章 用理性決策

前面的章節中我們已對「思維」重新構建了一些新

的認識，在這一章中，我們主要闡述如何用理性決策。決策無處不在，這一章會幫助我們更好地決策，並對自己做出的決策有準確的判斷。

⟶ 本書目標讀者

- 政府機關的公務員
- 對邏輯學感興趣的學生
- 想鍛鍊邏輯思維能力的人士
- 在教育子女之路上奮戰的家長

由於作者的水平和時間有限，書中難免會出現疏漏與不當之處，敬請讀者批評、指正。

第 1 章

零基礎學思維

1.1　什麼是思維　017

1.2　思維的七大特性　019

1.3　我們為什麼要培養思維方式　023

1.4　擴展：思維的分類　031

　　1.4.1 以抽象性劃分　031

　　1.4.2 以目的性劃分　033

　　1.4.3 以智力品質劃分　035

　　1.4.4 以思維技巧劃分　036

第 2 章

養成良好的思維觀念

2.1　思維是一種工具　047

2.2　良好的思維需要「輸入」　052

　　2.2.1 有效輸入與無效輸入　053

　　2.2.2 系統輸入　054

　　2.2.3 碎片輸入　056

2.3　輸出：金字塔原理　059

2.4　良好的思維從現在開始　063

2.5　擴展：做自己的孩子　067

第 3 章

簡單有效的順向思維

3.1　什麼是順向思維　071

3.2　因果和遞推──A 導致 B 和 A 導致 E　073

3.3　學會提問──要不要這麼做　081

目

錄

第 4 章

獨辟蹊徑的逆向思維

4.1 什麼是「逆向思維」 089

4.2 運用廣泛的「逆向思維」 091

4.3 倒推──「逆向思維」的一種表達 097

4.4 學會提問──這是為什麼 103

4.5 擴展：你為什麼是現在的自己 107

第 5 章

保持獨立的批判思維

5.1 什麼是批判思維 117

5.2 批判思維的價值 120

5.2.1 批判思維的自我價值 120

5.2.2 批判思維的社會價值 124

5.3 批判和開放兼容 127

5.4 理性的美德 129

5.4.1 謙遜 130

5.4.2 執著 132

5.4.3 公正 133

5.5 擴展：批判性閱讀 136

5.5.1 理解階段和批判階段 137

5.5.2 批判性閱讀分析 139

第 6 章

突破常規的創造性思維

6.1 什麼是「創造性思維」 147

6.2 「創造性思維」的主要機制 154

6.3 創造學的誕生 157

6.3.1 創造學的起源　157

6.3.2 對創造學的認知誤區　159

6.4 創造性思維與什麼相關　163

6.4.1 創造性思維與資源　163

6.4.2 創造性思維與心理距離　166

6.4.3 創造性思維與情緒　167

6.5 如何培養「創造性思維」　169

6.5.1 允許自己與眾不同　169

6.5.2 保持好奇心　170

6.5.3 足夠的休息　171

6.5.4 廣泛地攝取訊息　171

6.5.5 學會放鬆　172

6.5.6 大膽試錯　172

6.5.7 與他人合作　173

6.6 擴展：如何培養兒童的創造性思維　175

第 7 章
說話要有邏輯性

7.1 對什麼話，說什麼話　183

7.2 交談中的邏輯　186

7.2.1 先說重點，結論先行　186

7.2.2 分點概述　187

7.2.3 盡量不說口頭語　190

7.3 應該掌握的技巧——辯論　191

7.4 如何與他人辯論　193

7.4.1 辯論的三大誤區　193

7.4.2 辯論前的立論　195

7.4.3 辯論時的質詢　198

7.4.4 辯論中的反駁　199

7.4.5 辯論末的總結　215

7.5 擴展：如何變得會聊天　218

　　7.5.1 選擇適合別人的話題　220

　　7.5.2 做一個好的傾聽者　223

第 8 章
用邏輯思維進行思考

8.1 你以為正確的不一定正確　228

8.2 從不同的角度看待問題　233

　　8.2.1 秀才赴京趕考　233

　　8.2.2 一棵蘋果樹的故事　235

　　8.2.3 聰明的小男孩　238

　　8.2.4 俞仲林的牡丹　239

8.3 你受什麼影響　240

8.4 擴展：你平時的努力對了嗎　242

第 9 章
用理性決策

9.1 生活中看似錯誤的決策　249

9.2 決策中的陷阱　254

　　9.2.1 陷阱一：固守現狀，不敢嘗試　257

　　9.2.2 陷阱二：他人設錨，請君入甕　262

　　9.2.3 陷阱三：越陷越深的「沉沒成本」陷阱　268

　　9.2.4 陷阱四：「表述方式」陷阱　272

　　9.2.5 陷阱五：「自我實現預言」蒙蔽自我　277

9.3 理性地做決策　280

9.4 擴展：生活中有哪些小事讓你意識到思維的局限性　283

　　9.4.1 沉沒成本，不應影響決策　283

　　9.4.2 思考他人的行為　285

目
錄

第 1 章

零基礎學思維

　　在開始閱讀本書之前，我首先要聲明：思維訓練從來都不是一件簡單的事。訓練思維就像是訓練肌肉一樣，那些讓你感到酸痛的訓練方法才是最有效的。

　　學習一樣東西前我們要先了解它是什麼，有什麼特性，進而了解它有什麼作用、我們為什麼要學習它。在本章，我們主要分三個部分來幫助大家了解「思維」，分別是「什麼是思維」、「思維的七大特徵」、「我們為什麼要培養思維方式」。

什麼是思維

　　思維（Thinking），是指在已知生物中，人類所特有的高級認知活動，它的本質是具有意識的大腦對客觀現實進行認知（概括或簡潔地反映）的過程。

　　科學界認為，思維就是大腦對已獲取的訊息，進行加工與內部存儲並輸出的活動過程。從心理學上講，思維被認為負責表示訊息處理的結果。在這個概念中，處理的速度、對認知的控制和存儲想法是底層思維的主要功能。思維的發展被認為可以提高處理速度、增強自我認知，並提高工作記憶。

　　隨著研究的深入，思維的分類越來越多，而本書主要介紹的是思維中的順向思維、逆向思維、發散思維、

批判思維與創造性思維等生活中經常運用的思維。

思維的七大特性

在了解了什麼是思維後，我們來了解下思維具有怎樣的特徵，以便加深對思維的理解。

1. 概括性與間接性

概括性是思維最顯著的特性之一。例如，說幾個名詞——蘋果、梨子、花椰菜、空心菜、藍莓，我們可以把它們概括為兩大類：蔬菜與水果。這就是概括，也是思維的顯著特性。

概括是思維活動的速度、遷移靈活程度、廣度和深度等智力品質的基礎。概括能力越高，知識的邏輯性越強，遷移越靈活，智力和思維能力、創造能力就越發達。

間接性也是思維最顯著的特徵之一。間接性就是思維憑借知識與經驗，對客觀事物進行間接反映的特性。像這道小學的數學題：

　　找出規律，填出括號中的數字：
1，3，（　　），7，9，11
2，6，10，（　　），18，22
4，7，10，（　　），16，19

　　這考驗的就是思維的間接性。人類正是因為有了思維的間接性，才能夠掌握事情發展的規律。中國有很多的諺語都是思維間接性的果實，像「久雨刮南風，天氣將轉晴」、「直雷雨小，橫雷雨大」。

2. 邏輯性和形象性

　　邏輯性是思維所具有的一種抽象的理性認識能力，具體表現為在思維過程中有一定的形式、方法和規律。

　　例如，$4a - \left[6b - 10a - (6a-10b) \right] (6x-10y) - (12x+14y)$

+（18x–4y），我們在思考這道題的時候往往會運用到數學上合併同類項的方法進行運算，而這就反映出思維的邏輯性。

而形象性，指的是思維常常會借助形象化的材料來方便大腦的理解。在大多數情況下，邏輯性與形象性共同起作用可以幫助大腦更好地理解訊息、更有效率地處理訊息與輸出訊息，像思維導圖、流程圖，就是這兩種特性的運用。

3. 統一性和差異性

統一性指思維的普遍性。思維學家愛德華・狄博諾（Edward de Bono）曾對不同民族的思維進行科學的比較後說：「在接受我的思維測試的十幾萬人中，儘管在年齡、能力、興趣、種族、民族和社會文化背景等方面有很大的不同，但在最基本的思維層次上，反應卻驚人的一致。」這就是人類思維的統一性，在人類的思維中，最本質的東西其實是一樣的。

不過，雖然統一性指出了思維的普遍性，但並不是

說所有人在思維方式上完全沒有差別。恰恰相反，每個人的思維在深層往往有著很大的不同。這些不同包括且不限於個體的差異、民族的差異與文化的差異。對於個體而言，了解思維的差異具有更為重要的意義，這個差異有助於個體更好地認識自己，所以我們要選擇恰當的思維訓練方法。

4. 言語性

思維就是大腦對已獲取的訊息進行加工與內部存儲並輸出的活動過程。而言語就是思維獲取訊息的重要來源之一，也是輸出的重要方式之一。從輸出這個角度而言，言語就是思維的載體。當然，這裡言語不僅僅是指我們的耳膜能夠聽到的語言，也包括在心裡默念的內部言語（閱讀時，大腦裡的那個聲音）。

我們為什麼
要培養思維方式

　　我們雖然有著各種思維能力，但是在實際解決問題時，並不習慣使用複雜的、專業的思考習慣，相反，我們更習慣運用直覺來解決問題。通過直覺來解決問題有這個特點：只有當我們遇到了問題後，才會主動運用大腦去檢索「這個東西是什麼」、「為什麼會這樣」。當大腦檢索到一個不太準確的結論時，我們一般會感覺自己已經懂了，並恍然大悟：「噢，原來是這樣！」但其實，這只是我們基因深處的感覺罷了。因為在我們還是原始人的時候，遇到了危險必須在短時間內就做出判斷，因此大腦所檢索出來的結論往往只是過去形成的本能反應。

在這種情況下，大腦就像是在做一道選擇題，從已知內容中檢索答案。一般而言，以大腦的懶惰與拖延，幾乎就沒有繼續深入的動力和可能，這就是直覺思考的一個特點。但是很多時候，我們需要將問題一步一步地進行分解、分析、解答，這相當於一道問答題，然而有不少時候我們甚至連問題是什麼都不知道。所以單純依靠直覺來解決問題並不可行，這就要運用到思維。

　　「兩點之間直線最短」，是小學時數學老師告訴我們的知識，於是很多人就理所當然地以為走直線是最快的選擇。有時候這確實是對的，如上下班的路上，盡量不繞彎，這可以節省時間。但現實生活中，到達時間往往受路況等因素的影響，距離並不是唯一的決定因素。

　　此外，當條件中的二維世界變為三維世界時，情況又會發生變化。有一種東西叫作「最速曲線」，如圖 1-1所示，小球從A點滾落到B點，有三條路徑：1、2、3。經過論證和科學實驗，路線 2 是最快的路線，此曲線也因此被稱為「最速曲線」。

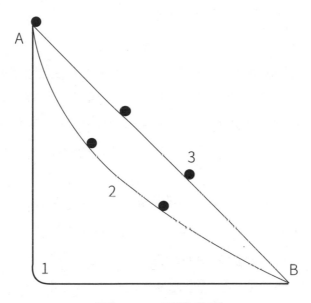

圖 1-1　最速曲線

從起點到終點，有無數條道路，大多數人更願意選擇直線的路線。但其實開拓思維，創造性地選擇合適的曲線路線，往往更容易獲得成功。

　　思維就可以幫助我們選擇一條合適的道路，用更少的時間、更少的精力，收獲更多的成果。

　　一位優秀者之所以優秀，一位成功人士之所以成功，並不完全取決於他們有多麼努力。這世界上努力的人太多了。讓一部分人脫穎而出的是他們擁有的與常人不同的思維方式，從而能夠通過不同的思維方式建立起一套行之有效、適用於自己的方法論。

　　一個人的思維方式能夠影響到其成功與否。擁有好的思維方式，可以讓人在訊息處理上事半功倍。反過來，如果一個人過於依賴傳統的框架思維，不思進取，就會在低效率甚至無意義的思考中浪費許多時間。

　　在現實生活中，大多數人都過於重視努力程度，卻忽略了努力的方向；過於重視知識的儲備量，卻忽略了學習的方法。就好比一個人花了兩天才寫完企劃，好像自己很忙碌，但其實是他不會運用模板；待在圖書館裡

一天，好像自己很努力，但看書半小時才翻了兩頁；花了半個月練習打字，好像自己很刻苦，但你打字時能先不看鍵盤嗎？

這種行為模式，一方面滿足了自己的成就感：「看，我多麼努力！」另一方面又限制住了自己的眼界，隨著時間的流逝，很容易造成實際意義上的退步。而思維方式可以幫助你思考問題、分析問題，帶來實際意義上的進步。

芭芭拉‧明托（Barbara Minto）的暢銷書《金字塔原理：思考、寫作、解決問題的邏輯方法》（*The Pyramid Principle*）中提到了金字塔式寫作，這其實也是一種思考的方式，運用這種方式進行溝通，能夠提高溝通效率。而要成為一名合格的咨詢顧問也要經過嚴格的思維訓練，所以我們看看從麥肯錫出來的管理顧問，其中有相當一部分人成為了世界五百大企業的 CEO，他們的成功與他們接受的嚴格的思維訓練是絕對分不開的。

一個人工作，首先是要在思想上想明白，然後是在行動上做明白，最後才是在語言上說明白，只有做到這

「三個明白」，才能把事情做成。在思想上想明白，要求我們思考清楚為什麼這麼做，做這件事的主要服務對象是誰，在什麼時間、什麼地點，用什麼流程、什麼方式去行動。

如果這些沒弄明白就開始動手，剛開始或許做得很順利，但越是做到後面，就越有可能出現各種問題和紕漏，甚至可能南轅北轍，得到與期待相反的結果。當然，實際執行的過程中，我們很難完全按照計劃行動，執行過程中存在諸多變數，但事先想明白依舊是必不可少的第一步。

如果你想要搞明白這些東西，可以採用許多方法來獲取答案。最典型的方法有洞察法、對比法、頭腦風暴等，通過調整自己的思維方式或者求助他人，來尋求解決問題的辦法。下面介紹麥肯錫公司訓練咨詢顧問的一種有效的思考模式，叫作 MECE（Mutually Exclusive Collectively Exhaustive），意為「相互獨立，完全窮盡」。

首先，所謂「完全窮盡」，就是先不要管解決方案的對錯，盡可能量多地列舉所有的解決方案，可以用腦

力激盪、六頂思考帽 [1]、尋求專家建議等多種辦法得到數量眾多的待選方案。然後是「相互獨立」。由於之前列舉的解決方案數量眾多，質量參差不齊，因此需要對上述所列舉的解決方案進行分類，將它們分為幾大類，在這幾個大類下面再列舉出一個個的小類。分類的時候，往往要用到相關的知識，這樣分類才比較合理，更容易讓人看懂，方便提高工作效率。

1.　六頂思考帽：學者愛德華‧狄博諾（Edward de Bono）開發的平行思維工具，指用六種不同顏色的帽子代表六種不同的思維模式。其中，白色思考帽負責關注客觀的事實和數據；綠色思考帽寓意創造力和想像力，具有創造性思考、頭腦風暴、求異思維等功能；黃色思考帽代表價值與肯定，要從正面考慮問題，表達樂觀而有建設性的觀點；戴上黑色思考帽，可以運用否定、懷疑、質疑的看法，合乎邏輯地進行批判，發表負面的意見，找出邏輯上的錯誤；紅色思考帽代表情感，可以表現自己的情緒，還可以表達直覺、感受、預感等方面的看法；藍色思考帽負責控制和調節思維過程，控制各種思考帽的使用順序，規劃和管理整個思考過程，負責做出結論。

我們可通過考察思維對一個人的基本能力進行考驗。如果思維能力不夠，在學習、工作時就容易出現問題，這些問題可大可小，可能無關痛癢，也可能會影響深遠。

　　掌握思維方式，可以幫助你擁有聰明的大腦，幫助你懂得如何思考問題，如何進行系統化寫作，如何科學地分析問題，也可以幫助你處理輸入的訊息，合理輸出屬於自己的觀點。

擴展：思維的分類

　　隨著對思維的研究越發深入，關於思維的分類也越來越多。在這一節中，我將講述如何從不同的角度對思維進行分類。

→ 1.4.1　以抽象性劃分

　　以抽象性劃分，可將思維方式分為三種：直觀行為思維、具體形象思維和抽象邏輯思維。

·直觀行為思維

　　是一種與具體物質、活動有著直接聯繫的思維方式，它又被稱為感知運動思維。嬰幼兒時期的思維方式一般

就是這一種。既然感知運動思維與運動相關，那麼運動員就應將這一思維作為基礎，去掌握運動的技能和技巧，此外還要與理論相輔相成，以更好地練就技能和技巧。這一思維主要用來協調我們的感知與動作，當我們與外界的事物有直接的接觸時，我們也會產生直觀行動，同時在感知和動作中斷時，這一思維也會停止。

・具體形象思維

一般來說，具體形象思維是指用具體形象作為材料的一種思維。這一思維需要借助鮮明而生動的表象及生動的語言去表現。它經常被用於文藝創作中。同時，它還是 3 ～ 6 歲幼兒思維的主要形式。

具體形象思維需要人們在思考時借助事物的具體或特別的形象或者表象，而不僅僅是憑借對事物的理解。也就是說這一思維不是靠著我們腦海裡的概念、判斷和推理來運行的。它具有三大特點：第一，它並不能真正揭示事物的本質特徵；第二，這一思維無法離開具體事物特徵和形象進行，也就是說它具備具體表象性這一特徵；第三，我們需要通過自身對物體的感知，去慢慢地

認識事物的基本屬性，並且在這一基礎上去區分這些事物之間的異同。

・**抽象邏輯思維**

抽象邏輯思維是我們人類進行思維活動的主要形態，它是以抽象概念為形式的思維方式。與具體表象思維相反的是，抽象邏輯思維需要將概念、判斷和推理作為主要依據去進行，因此，它是我們人類運用最為廣泛，也是最基本的思維方式。然而，雖說正常人都具備這一思維，但不同的人，其抽象邏輯思維能力卻有高下之別。

$\longrightarrow$ 　1.4.2　　**以目的性劃分**

以目的性劃分，思維方式主要有三種：上升性思維、求解性思維和決斷性思維。

・**上升性思維**

上升性思維要求我們把一些經驗上升到普遍性認識的高度，因為它要求把實踐提供給我們的個別經驗作為我們思維的起點。個別經驗多來源於生活中的日常體驗，

因此它常常表現得太過個人化，所以從這一點來看，它並不具備普遍性的指導意義，它的真實性更是有待實踐加以檢驗，最終才能被我們加工上升為普遍性認識。

· **求解性思維**

求解性思維往往要求我們沿著某一問題去展開我們的思維，它要求我們將過去已獲得的知識與當前我們所面臨的現狀建立聯繫，從而使某一問題得以解決。類似於我們在學習數學、解決數學問題的時候，往往要先對問題的已知條件加以分析，找尋問題與已知條件之間的關聯，使問題得到解決。

· **決斷性思維**

決斷性思維是指將規範檢驗過程或預測效果作為核心的一種思維方式。它要求我們遵循三個基本原則：具體性、發展轉化、綜合平衡。

決斷性思維與求解性思維及上升性思維密切相關，這三種思維方式構成了逐步深度思考的思維方式。決斷性思維現如今在國內外多學科領域受到的重視與日俱增，因為決斷性思維通常被用於需要戰略決策的問題，這個

問題能否得到很好地解決，關鍵就在於決斷性思維有沒有很好地發揮它的作用。

⟶ 1.4.3　以智力品質劃分

以智力品質劃分，思維方式主要有兩種：再現思維和創造性思維。

・再現思維

再現思維指的是我們對於過去的記憶進行提取認知，並加以運用的思維。它要求我們將已經學習過的知識原原本本地運用在解決某一問題上。

・創造性思維

創造性思維與再現思維一樣，都需要我們對過去已經習得的經驗或者知識加以運用，但不同的是，它不是原原本本地套用，而是重新綜合概括，組織成為全新的成果。例如，我們可以把在數學上學到的多個公式運用到特定問題的解決上，但要取得有突破性的數學研究成果，則要用到創造性思維。

⟶ 1.4.4 以思維技巧劃分

這一小節中我們列舉了 25 種思維方式，這些思維方式與我們的生活息息相關，所以了解以下各種思維方式如何運作是很有必要的。

·歸納思維

歸納思維要求我們找出一些具體事物的共性。舉個簡單的例子：香蕉、桃子、柚子這三者的共性之一是都是水果，火把、台燈、手電筒的共性之一則是都可以照明。

·演繹思維

演繹思維，其中的「演繹」可以這麼解釋：從某些假設性的問題或者說明出發，用邏輯來推理，最終使得另外的命題得以導出的過程。在邏輯學裡，演繹思維又被稱為演繹推導。在偵探小說、動漫、電影裡，破案時的思維方式往往就是演繹思維。

·批判思維

在 20 世紀 90 年代，一些美國學者發出了聯合聲明。

在聲明中，他們對「批判思維」做出了較為清晰的界定：批判思維是一種有目的性並且自律的判斷，要求用證據、概念、標準、背景等客觀因素對問題做出判斷和評估。

生活中會運用批判思維思考的人，往往在每一件事中都習慣刨根問底，在認知上習慣要求自己全面了解整個事件，做出判斷時也要求自己給出合理的依據。擁有批判性思維的人往往對待人、事、物會有公平公正的態度，能夠正確對待並處理自己的主觀偏見，在做出判斷的時候，較少為自己的主觀偏見所影響。

· **集中思維**

集中思維，是指從眾多觀念、想法、方法中，通過總結、比較，從而選出或者推導出一種好的觀念、想法、方法。

例如，從眾多資料之中，尋找出符合邏輯的聯繫，從而推導出一定的結論。或對一個問題的幾種解決方案加以比較琢磨，從而選出或推導出一種好的解決辦法。這就屬於集中思維。

‧ 側向思維

側向思維要求我們從第三者、旁觀者的角度去找尋相關的訊息，在這個基礎之上去發現能夠用來解決問題的方法或者途徑。它常常被用在換位思考這件事情上。

‧ 求異思維

求異思維也就是發散性思維。對同一個問題探求多種答案，如「一題多解」、「一事多寫」、「一物多用」等都是在考察「求異」的能力。

‧ 求證思維

求證思維就是用自己已知的推導出未知的一種思維。一般是指運用自己已掌握的知識和經驗，去證明某一個結論的思維方式。每個人每天都會用到求證思維，數學中的證明題也屬於求證思維的運用。

‧ 逆向思維

與順向思維的遞推相反，逆向思維是從「果」到「因」進行的逆推，從對立、相反的角度思考問題。在本書的第 4 章中會詳細介紹。

‧橫向思維

運用橫向思維的時候，要從問題的橫向、更寬處去發散性地進行思考。《論語》中孔子所提到的「舉一反三」就是橫向思維。這種思維就如同河流一般，遇到更寬廣的地帶，就會自然地擴展開來。

‧遞進思維

和順向思維類似，遞進思維需要我們以當前作為起點，以更深度的思考作為思維前進的方向，在這樣的過程中逐步深入思考達到目標。像數學中的多步運算，就是一步一步深入達到更深的目標，屬於遞進思維。

‧想像思維

想像思維就是借助我們大腦對於事物的形象性概括，在腦海中對已有的記憶進行提取並加工，以製造出新的形象的一種思維活動。

‧分解思維

分解思維就是指把一個問題分解成幾個部分來逐個擊破，從而提高效率。即把問題分為若干個部分，然後解決，也方便旁人理解。

·對比思維

對比思維是指對兩個或者多個事物進行對比（這兩個事物可以是類似的，也可以是差別很大的），尋找這些事物之間的異同的思維活動。

·交叉思維

交叉思維需要我們先從問題的一端尋找答案，沿著這端思考到某一個點停止思考，然後從另一端去思考，又同樣在這一點上暫時停頓，等到兩端的思考有了交叉匯合，再溝通思路，找出正確的答案。

·轉化思維

我們在思考一個問題的時候往往需要把問題的形式加以轉換，使問題變得更加清晰、簡單，這樣的思考過程就是轉化思維。在 9.2.4 節對表達方式陷阱的介紹中，就會涉及這一思維。

·跳躍思維

跳躍思維是一種非線性的思維方式。擁有這一思維能力的人，思考一個問題時往往是十分跳躍靈活的，他對於一種事物的想像能夠天馬行空，思考時能夠從這一

事物迅速跳到另一種事物上，並且兩者可能毫不相干。這種思維活躍的人往往想像力非常豐富。不過，若不有意進行控制，可能會出現說話或者寫文章組織不嚴密、論點過於分散、重點不夠突出等問題。

・直覺思維

又被稱為非邏輯思維，不用進行完整的邏輯程序化的分析，它以我們自身不可預見的直覺作為審判標準，迅速得出問題的答案。這樣的思維有助於我們對每天遇到的大量訊息做出迅速處理。但是直覺思維的弊端在於，它的答案準確性難以保證，對於經驗範圍之外的新問題應對乏力。

・滲透思維

滲透思維是指在分析問題時，看到錯綜複雜的相互滲透的因素，通過對這些因素之間關系的分析來解決問題。

・統攝思維

統攝思維可以幫我們來大概地把握整個問題所涉及因素的全貌，並有序地從整體上把握好每個環節的問題

和推理。統攝思維要求我們對各個概念有清晰的認知，因為它要求用一個概念去代替多個概念。

・幻想思維

我們生活中總會有幻想，幻想思維所思考的事物往往脫離現實，因此「脫離現實性」便成為了幻想思維的特點。我們在用到幻想思維的時候，腦海裡可以天馬行空，不會受到條條框框的限定。我們可以讓思維擴散到多個地方。所以幻想思維往往也是創造性思維的表現形式之一。因為幻想思維具有脫離現實的特點，我們在幻想之後往往還要回歸到現實之中，在現實中找尋正確的處理方式。

・靈感思維

靈感思維常常在人們從事創造的過程中出現。在創造過程中，我們的腦海中常常會跳出來一些靈感，而這樣的靈感往往「一閃而過」，如果沒有馬上記下來，很快便會忘卻。靈感思維往往是經過意識和潛意識的多次疊加才形成的。它與幻想思維一樣，也是創造性思維的一種表現形式。

·平行思維

平行思維是指從不同角度認知同一個問題的思維模式。當人們使用平行思維時，便能夠跳出原有的認知模式和心理框架，打破思維定式，通過轉換思維角度和方向來重新構建新概念和新認知。

·組合思維

組合思維要運用到組合法，我們把不同的事物組合起來，在這一基礎之上創造出新的事物的過程就是組合思維的應用過程。

·辯證思維

辯證思維要求我們用辯證的眼光去看待和認識事物。事物是會變化發展的，是與其他事物相互聯繫的，是對立統一的，我們的眼光不能被局限在眼前，也要跟隨事物的變化發展去認識事物；不能單一，要以聯繫的眼光看待事物；不能非黑即白，要看到不同方面的對應統一和互相轉化。

·綜合思維

綜合思維就是指把多種思維方式結合起來加以綜合

應用。很多問題不能僅靠單一思維來解決，而更應該結合多種思維方式來解決。

　　從理論上來說，對思維方式的分類越詳細越好，但是在思維的應用上面卻並不是這樣的。遇到具體的問題，我們往往在思考中會應用到不止一種思維方式，這些思維方式會同時起著不均等的作用。

第 2 章
養成良好的思維觀念

　　觀念是人們在經驗中、學習中養成的一些自己的看法。在正式學習思維之前，我建議大家先來看看這一章——養成良好的思維觀念。

思維是一種工具

　　思維通過其他媒介（如視覺、聽覺、知覺等）來認識客觀事物，同時借助已掌握的訊息，來推導出未知的事物。

　　無論是在語言、認知、學習還是決策上，我們都要運用到思維。我們可以把思考的過程劃分為三個部分：輸入、處理、輸出，如圖 2-1 所示。而其中，思維就作用在「處理」這一環節。

圖 2-1　思考過程的三步驟

輸入：指通過各種途徑獲得基礎訊息，這些途徑一般包括見、聞、感。如閱讀、看新聞（所見），聽他人的經驗（所聞），或者是自己之前通過輸入、處理而輸出的訊息（所感）。這些都可以作為輸入大腦的原料。

　　處理：我們獲取的原料中，有真有假，有好有壞，所以我們要學會處理原料，即對輸入的原料進行篩選、加工、系統化分類，方便未來的運用。

　　輸出：指有選擇性地輸出通過篩選、加工、系統化分類處理的訊息。如果處理得不好，有可能處理前後沒有太大的差距；而如果處理得好，可以化繁為簡，解決之前的苦惱。

　　舉一個可能不太恰當的例子：

　　一個男孩發現自己在不知不覺中喜歡上了自己的一位朋友，花了一晚時間整理後，他選擇了告白。於是第二天在女孩的樓下等她，對她說了句：「我喜歡你。」

　　男孩發現「自己在不知不覺中喜歡上了自己的一位

朋友」，這是向大腦輸入自己的所感。「花了一晚時間整理」， 這是在處理自己輸入的感覺。最後「他選擇了告白，第二天在女孩的樓下等她，對她說了句：『我喜歡你。』」這就是輸出自己的決策與語言。

思維，就是我們對從外界輸入的訊息進行處理時運用的一種工具。好的思維可以在處理輸入原料時化繁為簡，將大量繁雜的訊息簡化為明確的結論。

好的思維可以在處理輸入原料時做出更合適的決策。像上述表白的例子，根據已有的訊息，如對方的性格、自己與她的關係，甚至是當時的氣溫、她吃的早餐，來決定是否要表達自己的情感、如何表述自己的感覺，這樣可以提高成功的機率。思維能夠幫助我們處理外界複雜的訊息，從而達成有利於自身的結果。然而我們並不能忽略，思維僅作用於「處理」這一環節，「處理」就好比是一台機器，可以對原料進行篩選、分類、加工、包裝，然而沒有原料，機器再好、效率再高，都是空談。只有輸入才能帶動輸出，空有好的機器，沒有足夠優質的原料是不能輸出好的產品的。

從這個角度而言，思維只是一種工具，只有擁有足夠好的原材料，它才能良好地運轉。我們不能只顧著學習「如何處理」而忽略「輸入」，只有輸入大量優質訊息才能夠帶動輸出。

2.2
良好的思維
需要「輸入」

　　假如你去詢問一個人：「『洗錢』是什麼意思？」有些人可能壓根不了解這個名詞，而一個相對了解的人可能會告訴你，「洗錢就是通過轉手，使一些非法資金變得合法的過程」；如果你詢問一個更了解的人，他可能從洗錢的歷史、洗錢的基本要素與常見的幾種手法、相應出現的法律法規等各種角度，給你詳細「科普」什麼是洗錢。我們可能會感覺到，最後一個人的思維更加清晰，更有邏輯性，並且講述得更加完整。

　　但這並不是思維能力上的差距，而更多的是知識積累上的差異，這就是本節要講的內容：思維只是一種工

具，只有擁有足夠好的原材料，才能帶來思維的良好運轉。下面就來講講如何輸入訊息，從而幫助我們運用好思維這個機器。

⟶ 2.2.1 有效輸入與無效輸入

我們可以粗略地將輸入分為兩大類：有效輸入與無效輸入。有效輸入指的是輸入有實用價值或者有較大實用潛力的訊息，如我們學習的專業知識、心理學原理、邏輯思維運用方式，都屬於有效輸入。而無效輸入則是指使用潛力小，甚至無實用性的訊息。如對大多數人而言，朋友圈的謠言就屬於無效輸入。過多的無效輸入容易使我們喪失耐心去認真地進行有效輸入，會影響我們的判斷。所以我們應該盡量避免無效輸入。

而除了這些顯而易見的無效輸入外，很多訊息我們普通人無法明確判斷，或沒有太多的精力去判斷它們是有效還是無效。這時候，因為人的時間與精力都是有限的，因此不要被廣泛的訊息分散了我們的專注，應該盡

快找到自己努力的方向，選擇自己專注的領域，這能夠大幅度提高我們的成長速度。

如果你是一個學生，那麼你應該把更多的精力集中在閱讀教科書上；如果你是個醫學博士，應該更多地關注最新的醫療文獻；如果你是一個程式設計師，應該多看看最新的網路發展趨勢。但這並不是說你只能閱讀這些，我不讚同一個人只輸入明確對自己有利的訊息，一個人想要全面發展必須懂得輸入其他可能對自己有用的訊息，單純的閉關自守會限制人的眼界。

科學的方式是更多地輸入對自己明顯有幫助的訊息，但也要預留一定的比例給那些暫時無關緊要的輸入。或許未來，那些無關緊要的輸入會成為你新的契機，成就你的一番事業。

⟶ 2.2.2 系統輸入

除了可以將輸入劃分為「有效輸入」與「無效輸入」兩大類外，我們還可以把輸入劃分為「系統輸入」與「碎

片輸入」。「系統輸入」是指利用相對整塊的時間來進行系統的訊息錄入；「碎片輸入」則是指利用相對碎片化的時間，來進行散碎的訊息輸入。我將會分兩個小節來講述這兩種輸入方式。

系統輸入，可以幫助我們詳細了解特定訊息，得到想要的輸出。像閱讀某一專業的書籍、看系列紀錄片、閱讀相關的文獻，這些都屬於系統輸入。

在系統輸入時，我們應注意三點：目標、輸入方式與擴展方式。例如，我要系統輸入這本書的內容，那麼「看完、看懂這本書」便是目標，「閱讀」便是輸入方式。而擴展方式可以有很多種，如可以將這本書與其他相同類型的書籍進行比較，也可以看到不懂的名詞連過搜索引擎去搜索，這些都是擴展的方式。

目標是我們大體的方向，選擇合適的目標可以幫助我們更快地進步。目標過低容易讓人沒有衝勁，如果現在讓你去做 1000 道 10 以內的加減法，很多人都會做不下去。而若目標太高，則容易讓人半途而廢，如果你平時沒有什麼閱讀習慣，就將目標設定為閱讀《資本論》

這樣的巨著，那你八成會失敗。

　　只要選定了適合自己的目標、方式，選擇可靠的擴展方式，系統輸入成功，施展下去的成功率就高了很多。而如果系統輸入時能保證不受到外界的打擾就更好了。建議關掉網絡、放下手機，這樣可以保證我們能夠不分心地專注輸入，效率更高且效果更好。

⟶ 2.2.3　碎片輸入

　　碎片輸入可以幫助我們節約時間，讓自己的 24 小時大於他人的 24 小時。現代人的時間早已被電話、郵件、會議、各種臨時活動等分割成一塊塊的碎片。而微博、微信這樣的訊息載體更是改變了人們的閱讀習慣。有效地利用碎片時間，可以幫助我們節約時間，比別人領先一步。

　　碎片時間由於時間短，不宜深度用腦，但有一些必要或者有價值的事能在短時間內完成，比如：在分答、值乎上聽感興趣的回答，簡單地安排行程，思考寫作大

綱，閱讀今天的新聞，做一組擴展運動，看一篇故事，回覆郵件……

為了利用好碎片時間，我們可以下載一個自己習慣的記錄 APP。如果更喜歡紙的質感，可以帶一本便利的手賬或便簽。這樣做有幾個好處：空閒時可以在上面羅列待辦事宜；把靈光一閃的想法記錄下來；摘抄喜歡的句子。

我們還可以隨身攜帶知識：這個知識指的是有價值的訊息，比如手機裡下載有價值的電子書或 TED 的影片。如果覺得螢幕太小可以帶平板電腦，也可以考慮帶 Kindle 或者實體書，總之，根據自己喜歡的方式，隨身攜帶知識。

根據不同的情況，我們也能夠採取不同的碎片輸入策略。比如，在公車或者地鐵上，環境相對嘈雜，不適合相對深入的閱讀或思考，看新聞是個不錯的選擇；午休時，結束了一上午的忙碌，瀏覽一下微博，可以放鬆自己的大腦，為下午儲蓄好精力。

還有一些容易被打斷的碎片化時間，如等人、等車

時，這些時間建議做比較單一的活動，如看幾句名言、構想文章標題該怎麼寫（學生也可以讀幾句詩歌、背幾個單字、看幾條公式）。那上廁所時能做什麼呢？上廁所時玩手機、看書，很可能要在裡面待更長的時間，這不僅不衛生，還會使直腸靜脈長時間受擠壓，容易引發痔瘡。所以，還是老老實實上廁所吧！

輸出：
金字塔原理

　　上一節我們主要講解了輸入方式與方法，這一節來介紹一個簡單但又很有效果的輸出原理——金字塔原理。金字塔原理是芭芭拉・明托在其暢銷書《金字塔原理：思考、寫作、解決問題的邏輯方法》中所提出，解讀寫作邏輯與思維邏輯的實用方法論。它可以幫助我們整理之前獲得的「輸入」，科學地擴展，讓它們以最有價值的方式「輸出」。

　　什麼是金字塔原理？金字塔原理指任何事情都可以歸納出中心論點，由中心論點發散出幾個二級分論點。一般由三到四個二級分論點支持一個中心論點，每個二

級分論點又由幾個三級分論點組成……如金字塔一樣衍生開來。

這一原理可以幫助我們理順思路、抓住主次、解決問題。當我們在思考問題時，可能會想不到該怎麼辦。這個時候我們可以找來紙筆，將自己想到的點逐個寫下來，再自下而上地把它們串起來，然後理清主次，尋找它們內在的關係。

例如，我們在閱讀一本書時，想要尋找這本書的中心思想，那麼我們可以把這本書每一節所要表達的意思寫下來，然後總結出每一節的中心觀點，再將這些中心觀點串聯起來，總結出這一本書的核心觀點。在總結每一節的觀點、串聯相關中心論點時，就要運用到我們的邏輯思維。通過正向和逆向的思維去總結，運用批判的思維判斷書中的觀點是否正確，用創造性的思維來聯想「會不會還有另一種不一樣的解釋」。這樣，我們就能從根本上讀懂一本書的「內核」。

另外，在生活中，也經常會運用到金字塔原理。如果我們是任務發布者，命令下級來完成某項具體工作，

就要找出任務的一個中心點，劃分三到四個支撐點，分給不同的手下。他們提交結果後，把他們的結果匯總、排列，即可構建出一個金字塔。有了這樣的方法，我們的管理才是最有效的。

如果我們是承擔某項具體工作的人員，我們在匯報工作時，就可以從金字塔尖的一級論點開始，用很短的時間先講完最重要的統攝性論點。主管心裡有個大概，事情也就好辦了。如果主管還想要繼續聽下去，我們再展開二級論點。

運用金字塔原理時，要涉及的基本步驟大概有三個：界定問題、工作分解、構建主體。

首先是界定問題，我們要確定自己在討論些什麼。界定問題是建立金字塔時最為重要的一個部分，因為它直接決定了你的金字塔尖，它代表了你的主題到底是什麼、你想表達的內容是什麼。

其次是工作分解，選好了金字塔尖，我們就可以把中心觀點一層一層分解下去，劃分到你覺得合適的程度。當你覺得你已經劃分完畢了就可以了。這裡是常見的幾

種劃分法：時間劃分（過去、現在、未來）、空間劃分（國內、國外）、內容劃分（背景、衝突、疑問、解決方案）等。其他的劃分方法還有很多。

當我們分解好工作，就要開始構建金字塔的主體了。金字塔的主體一般有兩種構建方法，一種是自上而下，另一種是自下而上。具體採用哪一種要根據具體的情況來定。自上而下的一般步驟是：確定焦點、設想疑問、給出答案、檢查背景和衝突是否會引起疑問。自下而上的步驟則是：列出所有想要表達的要點、找出各要點之間的關系、得到結論、搭建出思路。在選擇好了搭建金字塔主體的方法後，我們就可以根據具體的方法開始收集訊息，然後分析所掌握的訊息，最後提煉出想要表達的觀點。這一切的過程都會運用到思維，從而創造出各種不同的「輸出」。

良好的思維從現在開始

我們很多人在做計劃的時候都恨不得能在最短的時間裡取得很大的進步，所以在制定計劃時，往往會一次性寫下很多計劃。我以前就寫過這樣的計劃：早上 6 點起床，6 點半出去跑 800 公尺，之後背半小時單字，然後每天至少閱讀 3 萬字，晚上要在 11 點前睡覺。當然，計劃的細節比上面寫得要詳細得多，但我當時沒有做到，因為任務太多了，我沒有那麼多的精力每天都完成。

這就是我要給大家提供的一條訊息：人的精力是有限的，使用了就會被消耗。羅伊・鮑邁斯特（Roy F. Baumeister）及其同事設計過這樣的實驗：

實驗的受試者是一群大學生。實驗前，大學生們被要求禁食，而當他們來到實驗室時就能夠聞到剛剛烤好的巧克力曲奇餅散發的誘人香味，這使得他們更加飢餓。

　　實驗人員隨機將學生們分為了三組。第一組是曲奇餅組，他們可以吃巧克力曲奇餅；而第二組是蘿蔔組，他們只能夠吃蘿蔔；第三組是對照組（也很餓，但沒有任何東西可吃），他們不用進入實驗室，也不知道其他兩組進去幹什麼。前兩組獨自進入到一個隔離開來的實驗室裡，坐在桌子旁邊，桌子上放著剛剛烤好的巧克力曲奇餅，以及一碗生蘿蔔。實驗人員為了使實驗效果更加明顯，離開了實驗室，透過一扇隱形鏡來觀察受試者。

　　可以明顯地發現，巧克力曲奇餅還是極具誘惑力的。很多第二組的學生在熱切地注視了曲奇餅很久後，才認命地吃起蘿蔔，但是沒有人真的忍不住而去吃曲奇餅，大家都抵制住了誘惑。

　　之後，實驗人員將三組學生帶至另一個房間裡，讓他們解一些幾何題目，說是測試他們有多聰明。但其實給學生的題目都是無解的，測試的真正目的是看他們需

要多久才會選擇放棄。這是一種經典測試，用於測試人的壓力水平。有不少其他研究可以表明，做這些幾何題做得比較久的人，在執行其他任務時相對會堅持得比較久。

實驗表明，第一組曲奇餅組（被允許吃曲奇餅的學生們），往往能堅持 20 分鐘，與同樣很餓但沒有任何東西可吃的第三組對照組一樣，而蘿蔔組（只允許吃蘿蔔的一組）的被試大約堅持了 8 分鐘，就選擇了放棄。

實驗推測：蘿蔔組受試者成功地抵制了巧克力曲奇餅的誘惑，但同時也付出了很大的努力，消耗了不少的精力，沒有剩下多少精力去應付幾何題。

這個實驗告訴我們：人的精力是有限的，不能一次性做過多的計劃，除非你已經習慣了執行多個計劃，不然很可能大多數的計劃都沒法執行，就此還可能會讓人放棄之前設立的所有計劃。長此以往，會讓人下意識地逃避計劃。

回到之前我寫過的計劃：早上 6 點起床，6 點半出

去跑 800 公尺，之後背半小時單字，然後每天至少閱讀 3 萬字，晚上還要在 11 點前睡覺。一次性寫一大堆的計劃，想要實現太難了。但是不是我們就做不到計劃上的所有事呢？答案顯然不是的，不然看看我們身邊比較成功的人士，他們都把時間表列得滿滿的，有些甚至樂在其中。不過，一般而言，這得一步一步來進行。

我們可以先把自己計劃中的有關聯任務與無關聯任務區分開來，像「早睡」與「早起」，這就是一個有關聯的任務。像「跑 800 公尺」與「背單詞」有些小衝突，屬於無關聯任務。將有關聯任務與無關聯任務區分開來後，選擇幾個自己未來一周一定要做到的事，先做這些任務。而其他的，就先放著，不是說就不做它們了，而是一步一步來，心急吃不了熱豆腐。

我們可以就此慢慢地將任務變成日常，只需要消耗較少的精力就能夠完成。然後再慢慢添加新的任務，一步一步完成計劃中所有的任務。（當然，這不太可能，因為人都是追求完美的，往往會不定時地出現新的想法並將其添加到任務欄中。）

擴展：
做自己的孩子

　　這是一個很簡單的換位思考：把自己當作自己的孩子。用「父母」的眼光來看待自己。你會希望自己的孩子花大量的時間刷手機、坐在電腦前打幾個小時的遊戲嗎？你會希望自己的孩子幾天都不出門、不運動卻躺在床上嗎？你會希望自己的孩子過一天算一天嗎？

　　只要能夠做到把自己當作「自己的孩子」，你就不會為自己的懶惰找理由，不會為自己的錯誤找借口。所以，請以後時常對自己說「我是自己的孩子」。只要做到這點，你就能讓自己變得更加優秀！

第 3 章
簡單有效的順向思維

　　順向思維，指沿著常規的思路對問題進行分析，通過已知的訊息推導出未知。順向思維是一種常規的思維方式，它簡單有效，是我們思考問題時最常用到的基礎思維。我們在日常生活中一般會優先運用順向思維來思考問題，絕大多數的問題都能夠通過順向思維得到解決。

什麼是順向思維

　　順向思維，即沿著常規的思路，朝著思維的目的對問題進行分析、思考的一種思維方式，是一種通過已知訊息推導出事物本質的思維方法。

　　在「順向思維」裡，「順向」指的是常規。就是運用已有的常規認知（如經驗、定理、公理等）朝著思維的最終目的（待解決的問題）進行思考。

　　使用順向思維，應充分思考現有的訊息，了解事物發展的內在規律、邏輯、環境條件、性能等。知道越多的訊息，越能保證我們預測的準確性，盡可能地掌握更多的訊息也就是順向思維的基本要求。當然，也並不是說，我們知道了所有的訊息就能夠 100% 推測出事實的

真相，但這能夠使我們最大可能地接近真相。

前南斯拉夫的內戰由於有多方參戰，涉及領土權利和民族獨立等諸多問題，是一場十分複雜的戰爭。但即使如此，戰爭的發生必然有其原因，必然有雙方共同想要獲得的利益、容易產生矛盾的點，各方的軍事力量也是可以通過軍事情報來進行預測的。正是有了這些訊息，在分析了戰爭發生的原因及當前各方狀況後，一些西方國家的首腦人物對事態的發展進行了預測，通過聯合國調解員，提出了解決這場戰爭利益劃分最合理的方案，最後，參與前南斯拉夫戰爭的各方一同簽署了《岱頓協定》。

從戰爭的原因和當前的狀況出發，對發展的趨勢進行分析與預測，這就是一種以順向思維為主的思維方式。之所以說是「以順向思維為主」，是因為對於複雜的問題往往並不能簡單地只通過順向思維就推導出結論。單純運用順向思維進行思考，會有十分大的局限性。

因果和遞推——
Ａ導致Ｂ和
Ａ導致Ｅ

　　順向思維，是沿著常規的思路對問題進行分析、思考的一種思維方式，朝著思維的目的進行探索、思考、分析、推導，從而能夠通過已經推測出未知。

圖 3-1　A 導致 B

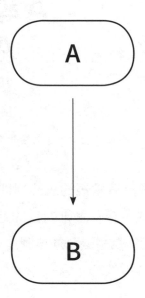

如圖 3-1 所示，最具體的表現就是由已知 A 推導出未知 B。不過值得注意的是，已知 A 指的是一個集合，多數時候不是指單獨的一個訊息，而是指代多個已知訊息。

　　例如，一個小孩知道了阿拉伯數字「1」的含義與阿拉伯數字「2」的含義，他也知道在基礎運算中加法是怎麼運算的，那麼他就可以推導出「1+1=2」這一個結論。

　　在這裡，阿拉伯數字「1」的含義、阿拉伯數字「2」的含義、加法的運算方式，所組成的集合就是已知 A。而「1+1=2」這一個結論就是通過已知 A 所推導出來的結論。

　　當然，這只是一個很簡單的例子，生活中的推導要難得多，已知 A 這個集合內所包含的東西，要複雜得多。比如偵探小說中，已知 A 包括嫌疑人的指紋、遺留在櫃子上的血跡、被害者的日記、鄰居的描述等。總之，生活中的推導要遠遠比由「1」的含義、「2」的含義、加法的運算方式，推導出「1+1=2」這一個結論要難得多。

圖 3-2　A 導致 E

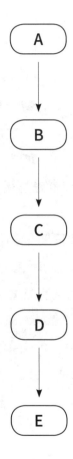

生活中的推導不像是由已知 A 推導出未知 B 這麼簡單，更像是由已知 A 推導出未知 B，進而推導出未知 C，進而推導出未知 D……直到推導出思維的目的（如圖 3-2 所示）。舉一個「紂為象箸」的例子：

紂為象箸而箕子怖。以為：「象箸必不加於土鉶，必將犀玉之杯。象箸玉杯不羹菽藿，則必旄（犛牛）象豹胎。旄象豹胎必不衣短褐而食於茅茨之下，則錦衣九重，廣室高台。吾畏其卒，故怖其始。」

意思是說，紂王做象牙筷子讓箕子感到恐懼。箕子認為：「象牙筷子肯定不會放在鉶這樣的土製器皿上，必然要用犀牛角和玉做的杯子。用象牙筷子和玉杯子，不可能會以豆子、豆葉這樣的普通蔬菜作為食物，那麼食物必然是犛牛、大象、豹子幼崽這樣的珍饈佳肴。吃犛牛、大象、豹子幼崽肯定不會穿粗布短衣在茅屋下用餐，肯定是綾羅綢緞的衣服無數，房子做得很大，台築得很高。我擔心他的結局，所以害怕他的開始。」

這個例子中，箕子的思考目的是證明紂王做象牙筷子是件不好的事，我們先不說這個推論過程是否正確，

但這的確可以作為由已知A推導出未知B，進而推導出未知C，進而推導出未知D……直到推導出思維目的的例子。

圖 3-3　紂王象箸

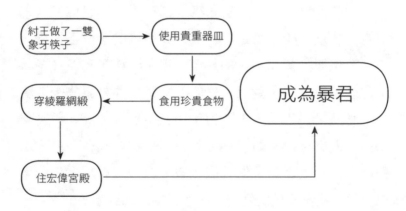

同樣的例子還有古英格蘭的一首著名民謠：

少了一枚鐵釘，掉了一隻馬掌，掉了一隻馬掌，折了一匹戰馬，折了一匹戰馬，摔了一位將軍，摔了一位將軍，敗了一場戰役，敗了一場戰役，丟了一個國家。

這首著名的民謠唱的是發生在英國查理三世時期的一段無情歷史——為了搶奪英國的王位，英格蘭的國王查理三世與蘭開斯特家族的亨利伯爵相互爭奪了 30 年。雙方最後的戰役發生在 1485 年的波斯沃斯城郊。那是一個冬天，在一片荒原上，兩軍最後的一場戰役打響了。

戰馬奔馳，戰場上濃煙滾滾。查理三世引領著千軍萬馬衝向敵陣，對方則被一步步地逼退，在敵軍後方的不遠處，是一片遼闊的沼澤，泛著刺人心骨的寒光。

勝利似乎已經在朝著查理三世招手。然而，查理三世的戰馬摔了一跤，查理三世被甩落在地。士兵們誤以為查理三世中箭陣亡，頓時軍隊大亂。亨利伯爵看準了機會連忙反攻，在陣前砍下了查理三世的頭顱。

原來，在打仗的前一晚，馬夫為查理三世的戰馬釘馬掌時，發現少了一枚鐵釘，一時也找不到，馬夫沒有在意，就讓戰馬踏著少了一枚鐵釘的馬掌上了戰場。然而誰能想到，就在這發起總攻的關鍵時刻，那少了一枚鐵釘的馬掌鬆掉了，導致了戰馬摔倒，查理三世被狠狠地甩到了地上。就因為一枚鐵釘的缺失，英國的權杖交付給了他人。

　　所以就有了那首我們現在聽到的民謠。

學會提問──
要不要這麼做

　　我們做出每一個決策，其實背後都是有原因的。可能有些你有意識，知道是為什麼，而有些你自己都不知道原因。

　　稍微精明點的商家，都會在暗處用各種方法引導你的決策，讓你做出他們想要的選擇。如商場門口賣爆米花或熱狗，是為了提高顧客的飢餓感，在餓的時候顧客更容易購買更多的商品；商場裡地磚的大小一樣，是為了讓顧客感覺「我會不會走得太快了」，從而減緩自己的速度，這就可能看到更多的商品，增加購買的可能；水果區的燈光採用暖色，能讓水果看起來更新鮮，提高

顧客的購買欲;海鮮區賣魚,用綠色的荷葉作為背景,讓人有這魚很新鮮的感覺⋯⋯

我們很多的決策都被人為地進行了引導,這往往會讓我們做出不是最好的選擇,甚至是錯誤的選擇。當然,我們不可能完全不受外界影響,我們能做的就是在較重要的事情上,減少被誘導,從而做出較為理性的選擇。

我們做很多決定其實都是出於很單薄的理由。例如,在超市看到櫃台旁的巧克力,突然想好久沒有吃過了,所以買一塊來嘗吧。在做相對簡單的決策時,這並沒有什麼問題,不過在一些事上,謹慎點或許比較好。

那麼,我們要怎樣才能判斷自己要不要做出某項決策呢?我們得出每個結論都是有原因的,但是如果單純地因為一個原因就做出結論,這樣的結論往往是站不住腳的,所以我建議做出一個結論時,最好有三個或三個以上的原因(如圖 3-4 所示)。這樣做出的結論才更加可靠。

圖 3-4　三個原因支持一個結論

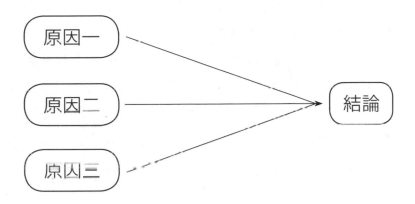

我們平時是怎麼得出結論的呢？設想一下，一天中午，由於業務繁多、時間緊張，你選擇在公司裡叫外賣。那麼，決定你選擇的因素大概就有那麼幾個：外賣的味道、價格、份量、送達的時間。

　　如果一個人選擇了點一份雞排飯，那麼其實這個人的大腦已經在自己意識不到的時候進行了順向思維的推導。他之所以會選擇點雞排飯，首先，價格他承受得起（沒有錢你連選擇的機會都沒有）；然後，他不討厭雞排（討厭的東西誰會點呢）；最後，它能在午休的時間裡送過來（要是它明天才送達，誰還點這份外賣當午餐）。這就是做出「點雞排飯」這個結論的原因。

　　當然，上面只是一個簡單的例子，生活中的結論推導遠沒有這麼簡單。

　　有一位朋友教育孩子的方法很是獨特，當他的孩子想要買什麼東西時，他不會直接拒絕，而是讓孩子在一張紙上寫清楚想要買什麼，什麼價位，想買的原因一、原因二、原因三。這樣可以鍛煉孩子的思考能力，也方便父母做出決斷。如果孩子只是因為一時衝動想買某樣

東西，就只會在嘴巴上說說，不會動筆去寫，這樣也減少了為瑣事爭論的時間。而當孩子寫下來，理由又充分時，就買給他。

同樣的道理，不但可以運用在孩子的身上，也可以運用在我們的身上。如果你有做一件事的衝動，不妨先冷靜下來，打開手機的備忘錄或便簽功能，或者找一張紙、一支筆，在上面寫下：你想要做什麼、要付出什麼代價、你為什麼要這麼做（原因一、原因二、原因三……），這樣既可以鍛鍊自己的思維，又能夠提高你做事的成本，篩選掉一些因衝動而產生的想法（因為當你只是衝動的時候，很可能連手機都懶得打開，連紙筆都懶得找）。

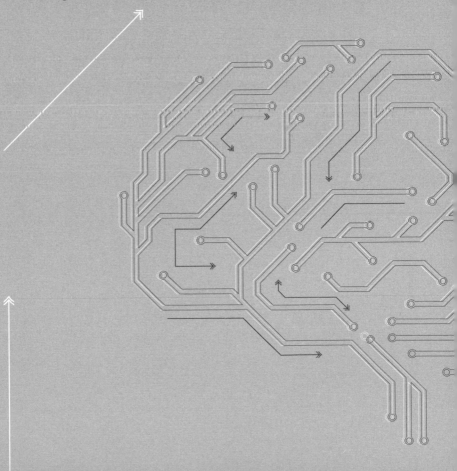

第 4 章

獨闢蹊徑的逆向思維

　　「順向思維」是一種簡單有效的邏輯思維，我們在
日常生活中一般都會運用順向思維來思考問題，但當我
們運用順向思維不能有效解決問題，甚至對某個問題找
不出任何頭緒時，不妨試著轉換思路，嘗試用「逆向思
維」。

什麼是「逆向思維」

　　「逆向思維」也被稱為「求異思維」，與順向思維的常規推導相反，逆向思維是從「果」到「因」進行逆推，從對立、相反的角度思考問題。

　　凡事都有利和弊，任何事物都有正、反兩面，兩個面的轉換經常發生。而轉弊為利、轉危為安，要求我們根據實際情況，用「逆向思維」來思考，從反面提出問題、分析問題、解決問題。從而掌握有利與不利的因素，發現兩個方面轉換的條件，並找尋解決方法。

　　下面請讓我舉個例子吧：

在庭院裡，一群小孩在玩耍，一個小孩站在了一口大缸的上面，不小心失足落入了缸中，缸中裝滿了水，小孩很快就被水淹沒了。其他小孩都被嚇跑了，而司馬光從附近找到了一塊大石頭，砸破了缸，水流了出來，小孩子得以活命。

　　在司馬光砸缸的故事中，人們常規的思維是「讓人離開水」，把小孩從水裡救上來，而司馬光用石頭砸缸，「讓水離開人」，從相反的角度解決問題，這就是逆向思維。

4.2
運用廣泛的 「逆向思維」

　　除了上文中司馬光砸缸的例子，還有「鳳尾裙」的源由也是生活中逆向思維的運用：

　　有一位裁縫，他吸煙時掉落的煙灰，不慎將一條高檔的裙子燒穿了一個窟窿，裙子變成了廢品。為了挽回損失，這名裁縫靈機一動，憑借著高超的技藝，在裙子上剪出了許多窟窿，他耐心地為這些窟窿鑲上金邊，然後將這樣處理過的裙子取名為「金邊鳳尾裙」。後來，這條裙子不但賣了一個好價錢，還被人口口相傳，使得不少女性上門求購。

逆向思維的運用十分廣泛，生活中就有許多運用逆向思維的例子。「逆向思維」是一種創造性的思維方式，可以開拓人們的思維，使我們突破順向思維所帶來的束縛，產生意想不到的效果。就如上述的事例，運用逆向思維變廢為寶，將被動化為了主動。

　　能夠運用順向思維思考的問題，往往也能運用逆向思維思考。例如，數學上的證明題，要求證明某結論錯誤，我們可以運用順向思維一步一步求證，也可以利用逆向思維（反證法）　先假設結論成立，然後找出矛盾，證明假設錯誤。

　　求證：1+1 ≠ 3
　　順向思維：
　　因為 1+1=2，2 ≠ 3
　　所以 1+1 ≠ 3
　　逆向思維：
　　假設 1+1=3
　　因為 1+1=2，1+1=3（上行假設）

所以 2=3

由於 2 ≠ 3，所以假設錯誤，即 1+1 ≠ 3

像上述的求證題，既可以用順向思維進行正向的遞推，「1+1 其實是等於 2，不是 3」，也可以運用逆向思維進行反向推導，「假設 1+1=3」，找出與客觀事實的矛盾，從而證明假設錯誤。

任何事物都有兩個方面，只要能夠想到一個事物對立的一面，往往都能運用逆向思維。

常見的對立面，如：

空間上，上與下、東與西等；

時間上，昨天與今天、過去與未來等；

因果上，A導致B，B導致A等；

性質上，強與弱、硬與軟等。

舉幾個現代科技中運用逆向思維的例子。

1. 軟與硬

洗衣機的脫水缸當初設計時會震動，導致洗衣機震動，並由此產生巨大的噪音。工程師為了解決脫水缸的震動與由此產生的噪音，想了許多辦法，但主要是加粗轉軸，收到的效果甚微。最後他們用軟軸代替了硬軸，洗衣機停止時用手輕輕一推，脫水缸就東倒西歪。可是脫水缸在高速旋轉時，卻非常平穩，脫水效果比過去還要好。

工程師們運用逆向思維對性質上的「軟」與「硬」進行了轉換，用軟軸代替硬軸，成功地解決了震動和噪音兩大難題，這做法一直沿用至今。

2. 吹與吸

一開始吸塵器不是靠「吸」而是靠「吹」，將灰塵吹入容器，從而達到清潔地面的目的。1901 年，倫敦舉行了吸塵器表演，吸塵器強大的氣流將灰塵吹起，吹進容器，但過程中有些灰塵會亂飛，人們很容易被吹起來的灰塵

嗆到。一位設計師由此聯想：「若將吹塵改為吸塵，豈不更好？」不久，第一台利用負壓的簡易「吸塵器」誕生了。

　　直至今日，我們所使用的吸塵器都還在運用著這一原理。設計師由「吹」聯想到「吸」，成功地設計出了真正的「吸」塵器，簡易且方便。

3. 高溫與低溫

　　在高溫下細菌將會被殺死，所以食物在煮熟後更容易保存（這也就是我們說「湯煮沸後更不容易壞」的原因），這是法國生物學家巴斯德通過實驗證明的結論。英國科學家湯姆孫則運用逆向思維，倒過來思考：「若細菌在高溫下會被殺死，那低溫是否也對細菌有同樣的效果？」於是他發現，在低溫下細菌也能夠被殺死或者是停止活動，進而發現通過冷藏可以更好地保存食物，深入探索後，湯姆孫發明了冷凍工藝。

　　我們現在能使用冰箱就得感謝湯姆孫當初的設想：

由高溫殺菌，聯想到低溫或許也能滅菌。逆向思維非常有趣，只要能夠想到對立的一面，往往就能運用逆向思維；只要能夠運用順向思維往往也能夠運用逆向思維，這就是廣泛運用逆向思維的基礎。

　　生活中許多的問題都能夠運用逆向思維進行思考，掌握一定的逆向思維技巧不僅有利於生活中更好地開拓思路，而且若我們能夠習慣運用逆向思維，在對生活中的問題進行思考時，你很有可能會有種恍然大悟的感覺。

倒推——
「逆向思維」的一種表達

　　倒推法，也被稱為還原法、逆推法，指從某一個環節（如結果）進行一步步的逆推。倒推的本質是逆向思維，倒推是逆向思維的一種表達。在現實生活裡有很多問題，小到生活中的平常瑣事，大到經濟學中的博弈，順向思維的遞推有著不小的局限性。而運用倒推法卻能夠開闢另一種思路，往往能讓問題的解決柳暗花明又一村。

　　一位青年到敬老院訪問老人，與一位老爺爺聊天時問道：「老爺爺，請問您今年高齡？」老爺爺笑呵呵地說：

「我這人喜歡動腦筋，讓我出道題考考你吧！把我的年齡加上 4，再除以 4，然後減去 15，再乘以 10，恰好是 100 歲，好了，你猜猜我的年齡吧！」

年輕人被難住了，過了好一會兒都沒能說出答案。

這時老人的孫子走了出來，大聲地喊道：「用 100 除以 10，再加上 15，然後乘以 4，再減去 4，就是 96 歲！」

老爺爺聽了他的話，哈哈大笑 :「不錯，我就是 96 歲。」

加倒推是減，減倒推是加，乘倒推是除，除倒推是乘。這個小孩在解決老爺爺提出的問題時用的推導方法便是倒推法。其實學生時代很多人都會利用這種方法來解題，但成年之後不知道為什麼，不少人忘記了有這樣一種思維方式。除了生活上能夠運用到倒推，倒推法在經濟學上也有著廣泛的運用，如經濟學上著名的「海盜分金」模型。

有 5 個海盜搶到了總共 100 枚金幣，他們通過抽簽

決定順序，依次提出自己的分配方案，我們為這 5 個海盜按順序編號，分別為 1、2、3、4、5 號：首先從 1 號開始提出自己的分配方案，之後其餘 4 名海盜進行表決，超過半數（不包括半數）同意則方案通過，否則 1 號海盜將被扔入海中餵鯊魚。

若 1 號海盜被扔進了海裡餵鯊魚，那麼之後由 2 號海盜提出分配方案，由剩下的海盜進行表決，超過半數（不包括半數）同意，方案才被通過，否則他將被扔進大海餵鯊魚。

若 2 號被扔進了海裡餵鯊魚，繼續出 3 號海盜提出分配方案，由剩下的海盜進行表決，超過半數（不包括半數）同意，方案才被通過，否則他將被扔進大海餵鯊魚。

以此類推，直到方案通過或者只剩下一名海盜。

問題：編號為「1」的海盜為了使自己的利益最大化，應該提出怎樣的分配方案呢？

這就是經濟學上的「海盜分金」模型，首先我們要

對海盜做一些假設：

- 每個海盜都絕頂聰明且十分理智；

- 一枚金幣不可被分割，不能融成金水，不能你半枚，我半枚；

- 每個海盜都是貪婪的，希望自己能獲得更多的金幣；

- 每個海盜都不希望自己被扔進大海餵鯊魚（都很重視自己的生命）；

- 每個海盜都是功利主義者，若在一個方案中，他分配到了一枚金幣，下一個方案能分到更多金幣也可能分配不到金幣，他會同意這個方案，而不會冒險。

在不損害自己利益的前提下，他們很樂意看著其他海盜被扔進大海餵鯊魚，會盡可能地投票讓自己的同伴被扔進海裡餵鯊魚。

現在回到問題：編號為「1」的海盜為了使自己的利益最大化，應該提出怎樣的分配方案呢？

如果我們用「如果我這樣做，下一個海盜會怎樣做呢」這樣正向遞推的方法進行思考，需要思考的可能性

多，且思考難有結果，但如果我們運用逆向思維，從後面開始倒推，那感覺可能就不一樣了：

我們假設 1 號至 3 號都已被扔進大海餵了鯊魚，只剩下 4 號與 5 號，那麼無論 4 號怎樣分配，5 號一定會投 4 號反對票。因為 5 號投反對票，可以獲得所有的金幣。所以 4 號為了避免這種情況的發生，唯有無條件地支持 3 號，不能讓 3 號被扔進大海。

假設 1 號與 2 號已經被扔進了大海餵鯊魚，剩下 3 號、4 號、5 號。每個海盜都聰明絕頂，3 號知道 4 號會無條件地支持自己，所以在分配金幣時會提出 100：0：0 的分配方案。3 號自己支持自己，4 號會無條件地支持 3 號，5 號的反對也無濟於事。3 號一毛不拔便能獨占所有的金幣。

假設只有 1 號被扔進了大海餵鯊魚，船上有 2 號至 5 號，2 號推算出了 3 號的想法，那麼 2 號只需要提出 98：0：1：1 的方案，放棄 3 號，給予 4 號、5 號一人一枚金幣。由於 4 號、5 號不希望 3 號出面進行分配，所以 4 號、5 號會同意 2 號的分配，屆時 2 號能獲得 98

枚金幣。

　　現在回到初始問題：編號為「1」的海盜為了使自己的利益最大化，應該提出怎樣的分配方案呢？

　　由於每個海盜都聰明絕頂，1 號也能猜測出 2 號的分配方式，1 號會提出 97：0：1：0：2 或者 97：0：1：2：0 的方案。若讓 2 號來分配，3 號將一無所得，4 號與 5 號將只能得到一枚金幣，所以當 1 號分配給 3 號一枚金幣時，3 號很樂意為 1 號投上讚同票，而 4 號或者 5 號得到兩枚金幣的人，也很樂意為 1 號投上讚同票。屆時 3 人讚同，2 人反對，1 號的方案能得以通過。

　　所以，海盜分金的最終答案是 1 號獲得 97 枚金幣，分配給 2 號一枚金幣，4 號或者 5 號兩枚金幣。分配方案可以寫成 97：0：1：0：2，或者 97：0：1：2：0。

　　海盜分金的模型看起來複雜，但其實它所含的思維邏輯——倒推法，只要平時勤加思考、勤加運用，常人都能夠較嫻熟地使用。

學會提問──
這是為什麼

在生活中、學習中、工作中，為了從根本上解決問題，我們要學會追問。某汽車公司曾經流行一種「追問到底」的管理方式。就是說，對公司裡發生的事故，採用追問到底的態度，以便找出最根本的原因。

例如某公司的一台機器突然停止運作，管理人員進行「追問到底」：

管理人員：「這台機器怎麼不會動了？」

答：「因為裡面的保險絲斷了。」

管理人員：「保險絲怎麼斷了？」

答：「因為負荷太大，導致電流太大了。」

管理人員：「為什麼機器的負荷會太大？」

答：「因為機器裡面的軸承枯澀。」

管理人員：「為什麼軸承會枯澀？」

答：「因為潤滑油沒法被吸上來。」

管理人員：「為什麼潤滑油沒法被吸上來？」

答：「因為油泵長期使用，嚴重磨損。」

管理人員：「為什麼油泵嚴重磨損？」

答：「因為油泵的前面沒有裝上過濾網，導致鐵屑進入了泵體。」

就這樣一直追問到這裡，導致機器停止運作的根本原因找到了。工作人員只要為機器換上一根新的保險絲，再在油泵前裝上過濾網，機器就能正常運行。

在上面的例子裡，我們要尋找的是機器不運作的原因，第一個原因是「保險絲斷了」，如果只問到這裡，簡單地為機器換上一根保險絲，機器雖然能立刻轉動，但用不了多久，下一次超負荷導致電流過大，保險絲還

是會斷。

為了從根本上解決問題，要「打破砂鍋問到底」，不斷地追問，直到找到根本的原因。找到根本原因，既可以從根本上杜絕問題再次發生，又能對原有的問題有一個深刻的認識。

除了對實際問題進行追問，我們還應該針對自己的疑惑在心裡進行追問。在網絡論壇上，經常看到一些員工吐槽老闆「明明是虧錢的項目還要做」、「同樣的貨，另一家標價更低，老闆腦子有病」、「員工Ａ的企劃寫得不錯為什麼不用他的」……

確實不得不承認，有小部分的老闆是愚蠢的。但老闆有些在你看來愚蠢的行為，或許有著他們自己的理由。很多時候，老闆知道某個案子不行，知道有另一家公司持更低的標價，知道某個員工的企劃更為出眾，但他們要考慮更多的因素。曾聽過一個事例：

一所學校建立初期，幾個企業投標想要承包學校的食堂，一位年輕人奉董事之命對投標企業進行劃分，分

為三種：「不建議合作」、「建議合作」與「推荐合作」。

　　年輕人自信滿滿地提交了分析報告，但幾天後，董事宣布食堂將由一家企業承包，而這家企業正是當初被年輕人劃分到「不建議合作」的其中一家。

　　年輕人覺得自己的努力沒有得到認同，追問之下才知道那家企業的老闆是董事曾經的合作伙伴。雖然飯菜的報價偏高，但還是在接受範圍內；企業老闆職業道德不錯，所以食品安全方面可以保障；最重要的是他有著良好的人脈，能為學校建立初期招生提供一定的幫助。

　　由於訊息不對稱，在現實生活中，我們很容易感覺老闆的某些行為愚蠢，但當你感到老闆在做蠢事時，最好先諒解你的老闆或許有著不得已的原因，必須進行虧本的商業合作，也或者他有著更英明的選擇，只是沒有告訴你。如果能設身處地想清楚老闆為什麼這麼做，相信對你的職業能有不小的幫助。

擴展：
你為什麼是現在的自己

　　逆向思維除了能夠在現實生活中解決問題，還能在精神世界裡幫助你了解自己，讓你知道「我為什麼是現在的自己」，從而幫助你完善自我。其實，很多人並不了解自己。不知道你是否想過，你為什麼是現在的你？是什麼造就了現在的自己？在心理學上有兩個名詞，一個叫作「原生情緒」，一個叫作「次生情緒」。原生情緒是事件發生時人最初的感受，是最自然、最直接的情緒。次生情緒是為逃避原生情緒而發展出來的種種感受，比如遭受挫折而引起的防御和攻擊，它使原生情緒被掩蓋或指向相反方向。

上面的描述可能過於抽象，讓我舉個例子吧：

一個孩子，小時候因為做了某件錯事被父母關進了房間。她首先表現出恐懼，躲在牆角哭泣。這時的恐懼便是「原生情緒」。

但她哭得稀里嘩啦，父母依舊沒有為她開門，這時她開始憤怒了。她用力地踢踹房門，把手邊的東西都摔到地上，用憤怒掩飾恐懼，這時的憤怒便是「次生情緒」。

原生情緒導致次生情緒的產生，次生情緒則是為了掩飾原生情緒而產生的自衛機制。但次生情緒往往並不止出現一次，它很有可能會伴隨終生，對一個人的人生有著深遠的影響。

回到那個孩子，當這位女孩長大了，她感到不安時，便很有可能表示出憤怒。當朋友因為一時忙碌沒有接她的電話時，她會責問：「你為什麼沒有接我電話？」當閨密新交了男朋友，與她在一起的時間變少時，她氣憤地

問：「你才和他認識多久？」當男朋友和她分手了，她憤怒地說：「是老娘看不上你！」

　　她可以很容易通過他人的評價了解到「我脾氣暴躁，容易發脾氣」，但她可能永遠都不會知道，自己之所以會感到不安，是因為童年的那個夜晚，被自己的父母關進了房間，無助的她選擇了用憤怒來掩飾自己的不安。

　　其實我們每個人都有許多行為是由於某種次生情緒導致的，要從根本上了解「為什麼我會是現在的自己」。

　　為了了解「為什麼我會是現在的自己」，我們可以用逆向思維的方式思考，如圖 4-1 所示：我有哪些不好的行為 → 我在ＸＸ情況下，會有這些行為 → 過去是否有過ＸＸ情況，讓我無能為力。

圖 4-1 「為什麼我是現在的自己」

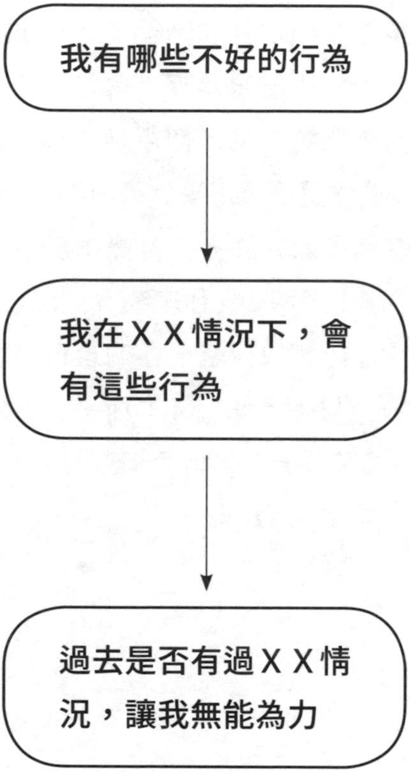

我有哪些不好的行為

我在ＸＸ情況下，會有這些行為

過去是否有過ＸＸ情況，讓我無能為力

上文中的那個女孩，可以很容易地通過他人的評價找出自己不好的行為——「我脾氣暴躁，容易發脾氣」，然後進一步倒推「在我感到不安時、無助時、無能為力時，我會容易憤怒」。為了了解哪件事影響了自己，她可能要努力回憶，可能要去詢問他人。這個過程可能耗費大量的時間與精力，但請相信，這之後她將受益良多。

圖 4-2　為什麼女孩是現在的女孩

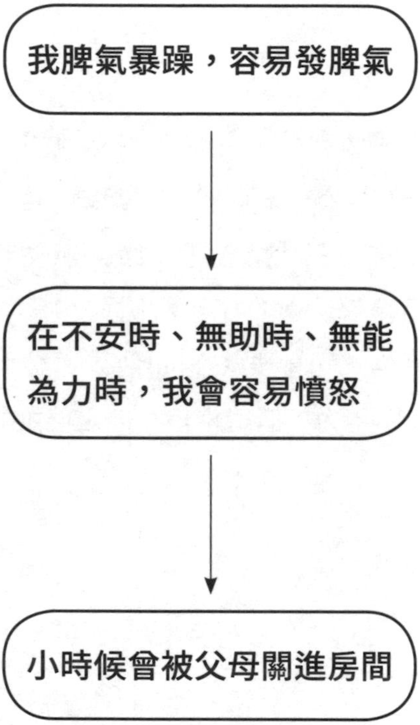

```
┌─────────────────────────────────┐
│     我脾氣暴躁，容易發脾氣          │
└─────────────────────────────────┘
                 │
                 ▼
┌─────────────────────────────────┐
│     在不安時、無助時、無能         │
│     為力時，我會容易憤怒          │
└─────────────────────────────────┘
                 │
                 ▼
┌─────────────────────────────────┐
│     小時候曾被父母關進房間         │
└─────────────────────────────────┘
```

當你找出那件影響你人生的事時，建議你好好分析它，你可能會問下面的問題：

　　（1）它改變了我的哪些想法？

　　（2）它對我的情感造成了怎樣的影響？

　　（3）它如何塑造了現在的我？

　　一開始看到自己羅列的事件時，你可能會抱怨「為什麼自己的父母當時要這麼做」，可能會失落，「若不是當初那件事，或許XXX」，但這些短暫的負面情緒過後，將會是內心長期的平靜。你會更加清晰地認識自己，「原來我是這樣的人」；你會發現一些自己過去誤解或忽略的問題；你會發現自己的心胸變得寬廣，不再輕易將自己的錯誤歸咎於環境和他人。

第 5 章

保持獨立的批判思維

　　批判思維是一種質疑的能力，能讓我們對未知世界抱以一份懷疑；讓我們盡可能不被謠言、謊言擺布；讓我們不輕易受情感、欲望、偏見等干擾；能讓我們做出明智的決定、得出正確的結論。在教授的言語中、在各大暢銷書單中，「批判思維」這個詞經常出現。但又有幾個人真正了解批判思維呢？

什麼是批判思維

　　「批判思維」由「批判」與「思維」兩個詞組合成。「批判」指基於事實，對錯誤的思想或言行進行批駁和否定，而「思維」一詞，在第 1 章中，我們已經有了詳細的了解。「批判思維」指的則是：人類在認識世界的過程中，基於事實對錯誤的思想或言行進行批駁和否定的客觀反映過程。

　　人們對於「批判思維」的定義有很多，第一種說法是：通過一定的標準來評價思維，在此過程中改善思維，是一種合理的反思性的思維；第二種說法是：批判思維是以客觀、辯證的眼光去看待問題和解決問題的思維方式。不過關於批判思維最有名、最簡潔的定義，當屬恩尼斯

（Robert Ennis）的「批判思維是合理的、反思性的思維，其目的在於決定我們的信念和行動」。

批判思維的使用者中比較出名的，當屬蘇格拉底。蘇格拉底倡導了一種叫作「蘇格拉底法」的學習方法，蘇格拉底將它稱為「產婆術」。

蘇格拉底特別喜歡向別人提問，在提問過程中，又特意「挑刺」。在色諾芬的《回憶蘇格拉底》中，記述了一個蘇格拉底與學生共同討論「正義」與「非正義」的故事，在這個故事中，蘇格拉底就運用了批判思維。

蘇格拉底讓學生們把正義與非正義列成兩行，把正義的寫到一行，非正義的歸到另一行。他先問學生：「虛偽應歸於哪一行？」學生答：「歸於非正義的一行。」蘇格拉底又問：「盜竊、欺詐、奴役等應歸於哪一行？」學生答：「應歸於非正義的那一行。」

蘇格拉底反駁道：「若一名將軍懲罰了敵人，奴役了敵人，戰爭中盜走了敵人的財物，作戰時欺騙了敵人，這些行為是否是非正義的呢？」學生最後得出結論，認為

這些都是正義的，而只有對朋友這樣做是非正義的。

　　蘇格拉底又提出：「在戰爭中，一位將軍為了鼓舞士氣，以『援軍將至』的謊言欺騙士兵，激勵了士氣；一位父親以欺騙的手段哄自己的孩子吃藥，使自己的孩子恢復了健康；一個人因怕朋友自殺，而偷走了朋友的劍⋯⋯這些行為又該歸到哪一行？」學生得出結論，認為這些都是屬於正義的一行，最後，學生收回了自己原來的主張。

　　蘇格拉底法由四個部分組成：譏諷、助產術、歸納和下定義。「譏諷」指在談話中詢問對方對一系列問題的看法，然後尋找對方觀點中的自相矛盾的點；「助產術」指像助產婆幫助產婦生出嬰兒一樣，幫助對方把訊息回憶起來；「歸納」則是通過問答的方式，讓對方排除個別情況，逐步揭示事物的本質；這便得出了「定義」：一個從特殊、個別到普遍、一般的過程。這就是蘇格拉底式的「產婆術」，也就是本章所要講述的「批判思維」所要求的內容。

5.2

批判思維的價值

在了解了什麼是批判思維之後，我們來談一下批判思維的價值所在，它對我們個人有著怎樣的價值，對社會又有著怎樣的影響。

⟶ 5.2.1 批判思維的自我價值

對於批判思維，保羅說過：「批判思維是自我指導、自我規範、自我檢測和自我校正的思考。」而愛因斯坦說：「應該把獨立思考和綜合判斷能力放在首位，而不是獲得特定知識的能力。」

關於自我批判，我們要思考幾個問題：你最相信誰？

你聽誰的話？誰能夠改變你？對於這三個問題，你可能會回答專家、父母、權威人士，但人們心底真正的答案往往是「我自己」。通常情況下我們最願意相信的其實是自己，最願意聽從的也是自己心底的聲音，我們也由衷地相信自己才是能夠改變自己的那個人。

而這種自信很容易讓我們陷入一種偏見。相信自己，意味著我們每個人都會按照自己確信的「真理」而行動。然而，我們確信的「真理」就是真理嗎？我們一路走來，所得到的「真理」相當一部分都經過了檢驗，然而還有不小的一部分，可能只是錯覺、偏見、妄念、迷信等。我們確信的「真理」，其實是一個「魚龍混雜」的信念系統。而這樣的一個系統，卻支配著我們的行為、思想、情緒。因此，我們更加需要使我們的信念系統得到淨化、校正、更新與優化。

而本章要講的批判思維，正是自我改變的強有力的工具。批判思維的本質就是審驗和評估。對我們一直以來形成的信念系統進行淨化、校正、更新和優化，方便我們形成更好的選擇和判斷，並由此提高我們在生活和

工作中的決策水平，這對於成就我們自己的人生也有很大的幫助。

當然，批判的前提是形成批判的依據，而不是單純地覺得這是錯的。正確的批判是在有依據的前提下進行的，這個依據可以是搜索引擎中的結果、自身的經驗、朋友的經驗、前人的經驗（像論文），只有有依據的批判才是科學的批判，而沒有依據的批判只是單純的嘴硬。

懷海德（Alfred Whitehead）曾說：「觀念的變化犧牲最小，成就最大。」這是因為觀念的變化，引發了選擇的變化，也造成了取得的成就的變化。

批判思維就是讓我們的觀念向著更正確、更全面、更理性的方向變化。

我們從小到大的教育模式局限了我們的思維，形成了一種固有的思考模式。我們要為「高分」而考高分，而並不追求事情的本質。現在市場上依然有很多語文作文高分句子、英語作文高分模版、數理化解題技巧等，老師也傳授我們這些技巧速成類的學習方法，唯獨沒有引導教育我們去獨立思考，去培養批判思維。

我們已經習慣了這種獲取嗟來之「識」的做法了，不去批判性地接受知識，而是全盤接受與拒絕。陷入了固有的思考模式——書上說的都是對的，我只要記住，考試能拿一個高分就可以了。

　　不僅學習是這樣，大多數人看書也存在這樣的現象，都看了就好了，就如同囫圇吞棗般，很多人看書不是為了求知，而只是為了獲得談資。

　　這就使我們認知上存在的缺陷很難被我們自身發現。心理學家把這種由於集中關注自我的認知而形成的盲點叫作「斯格托瑪」。

　　我們都聽過「盲人摸象」的故事：

　　有四個盲人很想知道大象長什麼樣，可是他們又看不見，就只好用手摸。盲人甲先摸到了大象的牙齒，他就說：「我知道了，大象就像一個又大、又粗、又光滑的大蘿蔔。」盲人乙摸到的是大象的耳朵，「不對，不對，大象明明是一把大蒲扇嘛！」丙大叫起來：「你們淨瞎說，大象是根大柱子。」原來盲人丙摸到了大象的腿。而盲

人丁呢，卻嘟囔：「唉，大象哪有那麼大，它只不過是一根草繩。」原來他摸到的是大象的尾巴。這四個盲人爭吵不休，都說自己摸到的才是大象真正的樣子。

就像故事表達的那樣，在沒有看清楚事情的整體時，我們就存在「斯格托瑪」式的盲點，但是我們往往意識不到自己存在盲點，還盲目地相信自我的認知。

這種以自我為中心的思維方式，會限制我們觀察事物的角度，導致我們排斥不同的觀念和思維方式。我們就會習慣性地根據自己的經驗、知識和已經形成的思維方式，來感知和判斷眼前的事物，並因此做出錯誤的論斷。批判思維的價值就在於，它能幫助我們形成一個較好的反省機制，從而對待事物能有比較全面的認知，而不僅僅是感性地固守自我的世界，最終做出錯誤的論斷。

⟶ 5.2.2 批判思維的社會價值

美國社會學家薩姆納（William Sumner）曾說：「批

判性的思考習慣，如果在社會中的應用變得尋常的話，將遍及社會中所有的風俗，因為它是解決生活問題的方法。」批判思維能讓我們在思考時不至於基於個例就做出判斷。

現如今是網路時代、訊息爆炸時代、知識專業化時代，我們很容易受到網絡輿論的影響，而通常媒體報導的可能只是事件的部分，所以很多人都容易在網絡環境中失去理智，也很容易在網上因為觀點不同而互相「辱罵」。這並不能叫作「批駁」，「批駁」一詞，是雙方針對不同意見進行批判性的反駁。但如今的網民，大多只是「跟風」，不存在獨立思考，覺得哪一方在理，就帶著「跟風」的情緒去加入自身認同的「鍵盤俠」團隊。

薩姆納還說：「批判能力是教育和訓練的產物。它是一種思維習慣和力量，是人們獲得幸福的首要條件，是無論男女都應接受的訓練，只有它才能保證我們不出現錯覺、欺騙、迷信及對自己和所處環境的誤解。」

每當網路中報導出「強姦」這一類的新聞時，很多人不去反省社會的安全程度，不去譴責犯人，而選擇了

譴責受害者。中國有一句俗語：「一個巴掌拍不響。」所以，受害者如果不是「騷」，那怎麼會被強姦犯「擾」？以這種邏輯去譴責受害人，說因為她們做出了不當的舉動才會被強姦犯盯上。

但事實上呢，造成錯誤的是加害者而非受害者，這種錯誤的輿論不利於改善社會環境。

批判思維的社會價值正在於此，它能清除錯覺、識破欺騙、破除迷信、澄清誤解、做出正確的判斷。批判思維是教育的使命，是一個理性的現代人所必須具備的。

批判和開放兼容

　　批判應堅持兩大基本原則——寬容原則和中立原則，其實，「兼容」是要優於「寬容」的，寬容是對不同價值觀的寬宏大量，是一元價值觀下的寬宏大量，這種「寬容」是有限的，而「兼容」卻是多元價值觀下的海納百川，它是沒有限度的。它是一種精神境界，不是不講原則，也並非沒有立場。

　　我們在考慮到自我利益的時候往往會想消滅與我們不同的觀念，可是，這很容易導致狹隘自大。即使是和我們固有認知有衝突的觀點，也有可能有合理的部分，也能給人以啟發。

　　比如，宗教與哲學其實是有矛盾的。宗教要求他們

的教徒相信他們所信奉的神是存在的，相信神會讓他們在做好事時獲得幸運，做壞事時遭遇厄運等。但是哲學不是這樣的，哲學不要求信仰，哲學要求我們去懷疑。這兩者在這個方面毫無疑問是相背離的。可即使作為無神論者，也可以從宗教文化中吸取養分。這種開放兼容的精神是批判思維的最高境界。

而缺乏開放兼容精神的弊端在於，極有可能會消滅一種對於文明發展有極大幫助的文化。

秦始皇時期為了鞏固統治，就曾經選擇了「焚書坑儒」的做法，董仲舒也曾下達「罷黜百家，獨尊儒術」的指令，這些都造成了文化多樣性的巨大損失。

我們要培養獨立思考、反思質疑和開放兼容的精神，這樣才能成為一個好的批判思考者。擁有這樣的批判精神，我們可以克服懶惰和模仿、盲從和衝動，也能夠超越自我。

理性的美德

　　我們的人腦具有三種功能——欲望、情感和理性。
這三者互相依存但又各自獨立。我們的欲望可以是理想、
目標、願望、動機等,而情感可以有快樂、痛苦、喜悅、
悲傷、憤怒等,理性則幫助我們去分析、比較、概括、
判斷等。

　　欲望會支配我們的情感,情感的存在又能滋生欲望,
欲望需要理性來平衡,它們彼此依存。

　　理性不能沒有激情,沒有激情的理性是蒼白無力的,
滋生的情感會猶如一個發動機,去推動著理性發揮它的
作用,但是情感又會使我們思想、行為情緒化,我們會
在想要靠近一個目標的時候急功近利、急於求成,使得

我們的思維進入一種快速但劣質的狀態。

欲望、情感和理性推動了我們的行為，但是它在我們每個人身上產生的化學反應都不一樣。理性自身的特點要求我們在分析事物的時候應當具有準確性、嚴謹性。理性的美德包括了理性的謙遜、理性的執著、理性的公正。

⟶ 5.4.1 謙遜

謙遜意味著什麼呢？謙遜要求我們能意識到自己的所知和信念不是完善的，是存在缺陷的，要求我們有「自知之明」，要求我們要有傾聽多方面意見、思考新問題、接納新觀念的態度和意願。謙遜也意味著虛己容物和克服驕傲自滿的精神。

在正常情況下，我們都會選擇按照我們自己所堅信的真理去行動，這種情況下，大腦的工作狀態是高度自動化的，我們的信念系統是自給自足的。可是，就好像是身體裡出現新的病毒，其他細胞都會自然而然地排斥

它一樣，我們在遇到極其富有挑戰性的新問題和新觀念的時候，我們的信念系統就會很主觀地選擇排斥而不是兼容。特別是當這種新觀念與我們原本的觀念發生衝突的時候，不清除舊的觀念，新的觀念也就無法擁有容身之地了。

　　這就需要虛己容物，需要兼容的精神，要去包容接納新觀念、新思想。謙遜的反義詞是驕傲。我們都聽過「虛心使人進步，驕傲使人落後」，人往往容易跌倒在自己的優勢上。

　　關羽大意失荊州的主要原因是驕傲，拿破崙滑鐵盧戰役慘敗的主要原因是驕傲，神童方仲永由天才變平庸（出自於一篇北宋王安石文章中的人物）的主要原因也是驕傲……「滿招損，謙受益」，驕傲會使人的自我認知受到蒙蔽，停滯不前。虛心則需要我們放棄捍衛自己信念的態度，我們必須學會傾聽來自多方面的意見，留意來自不同管道的事實和訊息，去關注更多可供選擇的途徑和方案，對待新的思想和觀念永遠持有一種好奇和主動追求的態度。我們要擁有虛心求知的態度和開放兼

容的精神，只有當具備了這兩者時，我們才能擁有理性的謙遜。

→ 5.4.2 執著

《鬼谷子·本經陽符七術》中說：「心欲安靜，慮欲深遠，心安靜則神策生，慮深遠則謀成。」又說：「欲多則心散，心散則志衰。」我們在思考一個問題的時候，一定要有專心與深思，而且在深思的過程中，我們不僅要專心，還要有執著的精神，我們要有沉著專注的思考，這樣思考才能結出碩果。

碰到越棘手的問題，我們就需要花費越多的精力和時間，這也就考驗了我們思考的執著和專心，因為越是棘手的問題，其中我們會遇到的困難也就越多，當我們在思考這一棘手的問題時，腦子裡也會產生更多的疑惑，這時候，執著與專心就顯得尤為重要了。杜威（John Dewey）在《我們如何思維》（How We Think）一書中說，只有心甘情願地忍受疑難的困惑，不辭辛苦地進行深究，才可能獲得反省的思維。

貪心猶如驕傲一般，會迷了個人的心智，對待任何事物如果太貪心，一定會浮躁、急於求成，心情無法安靜，深思無法繼續。在思考這一件事上，我們也不能太貪心，就如同你無法在一天內，把好幾本書讀透一樣，你在思考上出現了貪欲，會因為要思考的問題太多，而無從下手，無法專心，也無法執著。

　　對待任何問題，我們都不能太過心急，思考問題的過程中太過急於求成，便可能忽略很多重要的訊息，那麼這一思考的結果就是武斷的結果，這個結果也就是無用的。理性的執著要求我們在思考時不貪、不急、專心、執著。

⟶ 5.4.3 公正

　　理性還需要公正的態度和平和的心態，公正的思考要求我們對待自己的觀點與他人的觀點（即使是相對立的觀點），要做到一視同仁，盡量減少被自身利益影響。在培養公正的態度時，我們離不開平和的心態。生活中，

我們心態不平往往是因為自身利益和個人形象受到了損害。

　　很多時候，我們做出選擇的出發點是我們的自身利益和個人形象，當覺得自身利益和個人形象受到侵害的時候，我們會本能地維護。這種願望和意志也許會促使我們去傷害他人的利益和形象，也同時可能保障了我們所在群體的利益。

　　比如，在看到他人的成功時，大多數人不會把成功的原因歸於他人自身的努力和才華，而會選擇相信他人是因為人脈、社會資源、家庭背景比我們要好，才會比我們成功，會選擇相信他人是借助了很多外力而不是主要由於內在因素（個人努力、才能、決斷力）才能成功。而當我們自己成功的時候，我們則會說是因為我們自己夠努力、夠聰明才成功的。

　　當我們的觀點受到合理的質疑時，大多數人會認為認錯是對自我形象的一種破壞，而為了保住面子、維護尊嚴，我們的本能反應就是要去消滅那個反對意見，我們不會想要去看那個意見和觀點是否有道理，我們只是

想要解除對我們自身利益的威脅。

　　這也就是為了維護自身的利益和個人形象所做出的選擇性相信。但要注意，自身利益未必是正當而合理的，我們需要擁有平和的心態，平心靜氣地去思考問題，憤怒或者激動的心情都不利於思考，更加不利於維護自身的利益。

　　我們需要一顆平常心，在對待問題的時候不要過分看重自身利益和個人形象，等到心靜下來，我們才能以公正的心態去看待自己和他人的觀點，把自身利益和個人形象產生的影響降到最小。這樣平和的心態結合反思質疑的精神，就是理性的公正。

5.5

擴展：
批判性閱讀

　　正所謂「書山有路勤為徑，學海無涯苦作舟」，我們學習離不開書本，更加離不開閱讀，我們要秉持「活到老，學到老」的學習精神，做一個終身學習者。閱讀是學習者必須要學會的一項基本功，是我們要掌握的技能。

　　閱讀有「深讀」和「淺讀」之分。「淺讀」容易，「深讀」困難，但一些重要的資料需要我們「深讀」。所謂深讀，其中的一點要求便是批判性閱讀。批判性閱讀有兩個階段：理解階段和批判階段。

⟶ 5.5.1 理解階段和批判階段

在理解階段，我們的目的就是理解：理解作者、理解文章表達的意思。我們要在閱讀中，與作者進行對話，在這一階段中，我們的任務就是「發揮論證」。

在理解階段，我們要進入作者的世界，那麼批判階段中，我們就要跳出作者的世界，去獨立思考，去自主思考。這時，我們的任務是「拷問論證」。

我們要在理解階段秉持寬容原則和發揮論證的精神，在理解的過程中，我們要盡量做到不帶入個人的主觀感情去閱讀，可以帶著以下這幾個問題去閱讀：

1. 作者是在何種社會背景下寫作的？
3. 文章表達的中心思想是什麼？
4. 文章中作者的主張和結論是什麼？
5. 文章是怎麼論證的？
6. 文章最關鍵的概念和詞語是什麼？

以上的這些就是我們在理解階段要解決的一些問題，我們在閱讀時一定要做到客觀、公正，這樣不至於被主

觀的偏見蒙蔽，從而忽略一些細節，讓我們的批判性閱讀走向錯誤的方向。

而在批判階段，我們需要解決幾個問題：

1. 支持作者結論的那些理由是真的嗎？

2. 理論與作者的結論真的相關嗎？

3. 那些相關的推理真的合乎邏輯嗎？

4. 從理論得出結論的推理過程需要依據某些假設嗎？

5. 這樣做出的假設又是合理的嗎？

6. 那麼又是否存在與結論相關的一些反例呢？

7. 我們需要去限定或者解釋論證中的某些概念和詞語嗎？

以上就是我們在批判階段所要思考的一些問題，但是前提是我們首先要在理解階段做到準確和公正，只有在這樣的基礎之上，我們的批判才有意義。

⟶ 5.5.2 批判性閱讀分析

　　我們要結合上面所提到的這些問題對閱讀的內容進行思考，同時在閱讀中必須要學會動手，在必要的地方，要寫上我們的思考，把文章的結論、細節、主要的理由、關鍵的概念，都做出標注。

　　下面就節選東野圭吾《白夜行》第一章第 8 節的內容來簡單描述一下如何做到批判性閱讀：

　　每動一下，她身上便傳出叮當作響的鈴聲。田川對於那是什麼鈴鐺感到好奇，用心去看，但從外表看不出來。仔細觀察她的穿著，絕非富裕家庭的孩子。運動鞋鞋底已磨損，毛衣也掛滿毛球，好幾個地方都開線了，格子裙也一樣，布料顯得相當舊。

　　即使如此，這女孩的身上仍散發出一種高雅的氣質，是田川過去鮮有機會接觸的。他感到不可思議，這是為什麼？他和雪穗的母親很熟，西本文代是個陰鬱而不起眼的女人，而且和住在這一帶的人一樣，一雙眼睛隱隱

透露粗鄙的神情。和那樣的母親同吃同住，卻出落得這般模樣，田川不由得感到驚訝。「你念哪所小學？」田川在後面問。

「大江小學。」雪穗沒有停下腳步，稍微回過頭來回答。

以及《白夜行》第 4 章第 4 節中的內容：

「是呀。這個，那時候也串了家裡的鑰匙。可是偏偏就在那一天，我放在家裡忘了帶。」說著，她把鑰匙放回口袋。

鑰匙圈上的小鈴鐺發出了叮噹的聲響。

第一段是雪穗謀殺生母的節選內容，東野圭吾善於採用白描的手法，通篇幾乎是平白敘述，沒有濃重的個人感情色彩在作品裡面。節選的這一段中，雪穗在策劃謀害母親之後，以沒帶鑰匙為由去找房東的兒子用備用鑰匙幫她開門，但是她身上明明帶了鑰匙，這在節選的

第二段文字中可以看出，她那天並沒有忘了帶鑰匙，只是想找到證人為自己做不在場證明。按照前面所說的，我們必須要理解作家寫下這些文字時的背景，東野圭吾創作《白夜行》的時候，日本正值「泡沫經濟」時期，企業大量倒閉，許多員工遭遇失業，很多家庭背上了巨額債務。經濟的蕭條，讓很多人有不安全感和危機感，人們對於金錢的渴望開始凌駕於親情、友情、愛情之上，東野圭吾正是想要批判這些，他筆下的西本文代是西本雪穗的親生母親，但是為了還上巨額債務，不惜逼迫自己的親生女兒賣身。

終於在某一天，西本雪穗的好友桐原亮司無意中發現自己的父親與西本雪穗進入了一棟廢棄大廈，然後悲劇就這麼開始了。

西本雪穗在這樣的生長環境中，成長為了不信任任何人的人，她不相信有光明。她殺害了自己的母親，然後把現場布置成意外。

在節選的段落中，我們必須清晰了解作者所要描寫的事件。西本雪穗自稱忘了帶鑰匙，尋找房東兒子幫她

開門，但她已經知道之後的事情到底是怎麼樣的了。我們要以公正、準確的態度去閱讀《白夜行》中的所有細節，就拿這個簡簡單單的「鈴鐺」的描寫而言，不結合後文，我們無法理解作者這樣描述的用意到底在哪裡，也就無法透過作者表面的描寫去透徹明白作者想要表達的意思。

所以對於一些用意不明的文字，也許讀的時候，根本不知道有什麼用處，那麼我們就要做上標注，以便在後文中發現呼應的文字。

在節選的文字中，我們或許還有疑問，比如西本文代自身並沒有什麼氣質，但是西本雪穗卻出落得氣質非凡，高雅的氣質會來自哪裡？不可能是母親影響了她，那麼會是誰呢？這也就是我們要去思考的問題。後文中提到，西本雪穗渴望學習茶道，羨慕唐澤禮子高雅的氣質，打心底鄙夷母親淺陋的認知和種種惡習，她的心早已向唐澤禮子靠攏，為此她經常去唐澤禮子家拜訪，請求她教自己茶道、插花等手藝。這也同時埋下了後面唐澤禮子會收養西本雪穗的伏筆。

這些都是理解階段我們所要做的，由作者的敘述，去尋找作者所給的線索，去尋找作者想要表達的意圖和結論，明白他所要批判的是什麼。

　　在批判階段中，我們就需要利用理解階段所批注的一些細節，去加以推理，以及考究推理的結論是否符合作者給出的結局。

　　很多人在閱讀上喜歡「囫圇吞棗」，不加思考就全盤接受了一本書的內容，倘若旁人問起「這本書中你最喜歡什麼地方？」、「這本書中最精彩的地方在哪裡？」、「這本書中作者想要表達什麼？」等問題，可能就支支吾吾答不上來了。

　　所以在閱讀時，我們一定要有批判思維，也要學會批判性閱讀，在閱讀的時候帶上自己的思考，這樣去閱讀才會產生很好的效果，不至於讀完後感覺一無所獲。否則你所做的「閱讀」就不能稱為「閱讀」了。

　　所以要做到批判性閱讀，一定要經過理解階段和批判階段的思考，培養獨立思考的能力，在閱讀中取得事半功倍的效果。

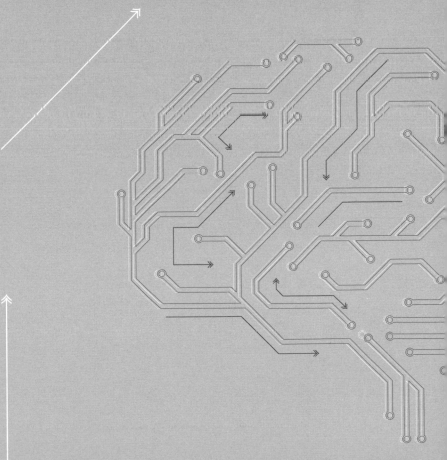

第 6 章

突破常規的創造性思維

創新的英文單詞 Innovation 起源於拉丁語。它有三層含義：第一，更新；第二，創造新的東西；第三，改變。「創造性思維」指的是用新穎的、突破常規的方法去解決問題的思維方法。本章將帶大家一起來了解創造性思維。

什麼是「創造性思維」

　　現在讓我們試著思考一個問題：24 個人站成 6 列，但是每一列都要有 5 個人，那麼我們應該怎麼排列呢？不知道你有沒有想出切實可行的方案呢？如果有，那麼祝賀你，你沒有被定式思維束縛。如果沒有想出，那麼你的定式思維有那麼一點影響了你在思考上面的創新。

圖 6-1 　24 個人站成 6 例

我們可以把這 24 個人如圖 6-1 那樣排列，這也就是平面上的六邊形，而不是傳統的方形排列。所以在遇到類似的問題時，我們需要打破我們的常規思維，用創造性思維去思考。那麼什麼是創造性思維呢？

　　創造性思維在狹義上指創造者利用現已擁有的經驗與知識，在事物之中找到不一樣的新的關系、新的問題、新的答案，在這個基礎上創造出不一樣結果的思維活動。而在廣義上，創造性思維又可以指在思維的角度上或者過程中的某一個或多個方面極具創造性，涌過這一思維產生了創造性成果。

　　一直以來，傳統的智商測驗包括了一系列的認知能力測試，比如可以測試我們的記憶力、閱讀理解能力、數學能力、空間想像能力等。但是，其中沒有一個項目是測量創造性思維能力。

　　在美國，有很多與天才兒童打交道的研究者發現，我們的能力或者說天賦，遠遠不只認知能力等傳統項目，而是還包含如感知能力、想像力等與創造性思維相關的能力。而這些能力是與傳統推崇的能力相平行的，即這

些能力與傳統認為的智商並不是相關的。一個人的智商可能很高，但是對於外界的感受能力比較低，或者一個人智商很高，但他的創造力一般。

比如說一個人記性很好，可以非常快地記住學習到的知識，但是這個人如果缺乏想像力或者創造力這些創造性思維，那麼他的記憶力再強大，也只能停留在照本宣科的水平上；一個人的學習速度很快，但是他對任何問題都沒有深度探究的興趣，那麼他最終能做成的事也只能流於表面；一個人觀察力和記憶力特別強大，但他缺乏創造性思維，那麼他可能也就只能參加電視益智節目。所以說，創造性思維和傳統的智商一樣是非常重要的，而且它在人和人之間的差異也會很大。

我們傳統上測到的智商，並不等於創造力。相反，一個人的性格反而能更多地顯示一個人創造性思維的高低。一個人的創造力與開放性人格特質相關性非常高。開放性人格的人對周圍的人、周圍的事物都會抱以一種開放的、接受的態度。比如遇到了別人的價值觀與自己不同，也會抱以包容接受的態度，而非批評抵制的態度。

再比如現在接觸到的知識與過去學習過的知識並不完全相同，甚至是相反，非開放性人格的人抱著一種「這個觀點與我不一樣，所以想抵制它」的態度，而開放性人格的人會用科學、開放的態度來檢視新的知識。

也就是說，在智力夠用，又積累了一定的專業經驗的前提下，這個人如果對於新鮮的體驗、知識和人長期抱有開放的心態，那將更有可能擁有創造性思維，更容易把智力資源用於做一些原創性的工作。

很多人在被自己的定式思維困擾的同時，會以為自己並沒有創造性思維，其實，創造性思維是任何一個正常人都具備的思維方式，它並不是天才或者很聰明的人獨有的。創造性思維具有三個基本特徵：

① 對傳統的突破性；

② 思路上的新穎性；

③ 程序上的非邏輯性。

其中第一個特徵對傳統的突破性又具體體現在三個方面：突破原有的思維框架，突破已有的思維定式，超越人類既存的物質文明和精神文明成果。

我們在思考問題時，要有意識地去打破原有的思維框架，有意識地拋開以往思考類似問題時，已經形成的思維程序和模式，才有可能取得與之前不一樣的、意想不到的成果。

　　我們從小接受的教育都是人為的教育，並沒有去認真觀察這個世界，也很少接受自然的教育，自然的教育可以開啟創造性思維，也可以幫助我們建立自我的價值觀，而不是全盤接受他人的價值觀，導致長大後一旦遇到與自己不一樣的價值觀，就固執地認為自己是對的，形成偏見，甚至為了維護自我的形象去損害他人的正當利益。

　　在這樣的條件下成長，思考時所用的思維模式大多數是固定的。習慣成自然，特別是思維上的習慣一旦建立起來，就會在不知不覺中走入了思維定式，讓我們無法開放性、創造性地去思考問題。這就是為什麼牛頓在看到蘋果落地的時候，想到的是萬有引力，而一般人可能覺得蘋果掉下來是再正常不過的事情。

　　創造性思維是以求異、求新為目標的。它不必經過

太多的嚴密的思考。比如小時候我們看到雲，不會直接想這就是雲，會把它想像成棉花、棉花糖這些白色而又軟綿綿的東西，我們看到太陽會想像成一個大火球。

　　所以創造性思維要求我們放開思維，我們的想像可以天馬行空。縱使客觀上並不存在或無法實現，我們也可以靠著創造性思維，去想像出這樣的事物，並且將想像結合已有的原理、工具，去創造發明來造福全人類。

　　創造性思維也往往是在跳出了定式思維的框架，意想不到地打破常規的情形下出現的。它也許暫時沒有嚴謹的邏輯支撐，缺乏嚴密性，很難得到證實，但它依然是可能實現的。比如愛因斯坦的相對論，在剛出現的時候並沒有被理解，但是在多年後，這些猜想被證明了，可見創造性思維的魅力所在。

「創造性思維」的
主要機制

　　神經科學的研究發現，創造力並不是由大腦某個特定的區域負責，而需要調動全腦各個區域，需要大範圍的神經網絡合作才能完成一個創造的過程。近年來研究發現，大腦功能不是按照生理位置來劃分，而是按照功能網絡來進行區分。其中，預設模式網絡（Default Mode Network）在創造力與想像力中扮演了重要的角色。

　　預設模式網絡是一個比較新穎的概念，但在近十年裡，關於預設模式網絡，科學家取得了很多研究成果。預設模式網絡由大腦的後扣帶回皮質（PCC）、內側前額葉（MPFC）、雙側角回（bilateral AG）、雙側外側顳

葉（bilateral LTC）、雙側海馬迴（bilateral hippocampus）組成。這個系統與創造性思維直接相關，就是由於預設模式網絡的存在，才使得我們會發呆、做白日夢。

當我們執行一個具體的任務時，大腦的預設模式網絡會被抑制。而當我們無所事事、胡思亂想、做白日夢時，預設模式網絡的活動性就會增強，這種活動與自省、思考人生、想像、創造有著密切的關系。當大腦放鬆下來，想像新的可能性，停止大腦內部對自我的評價和批判時，預設模式網絡的活躍性就顯著增強，而負責注意力的前額活躍性就會降低。爵士樂手和搖滾歌手在創作的時候也會有類似的腦活動，這叫作心流（flow）。心流並不是本章的重點，但如果有興趣，可以上網搜索相關內容。

與預設模式網絡相對的是注意網絡（Attention Network），兩者的活動相互抗拒。在大部分時候，大腦的主要活動會在負責想像、負責內省的預設模式網絡與負責對刺激做出反應、調節注意力資源的注意網絡之間不斷切換。比如我們在閱讀時，大腦的注意網絡就會比

較活躍，而當我們看到書裡的觀點，想到一個問題，開始思考這個問題時，預設模式網絡就會被激發。

　　一個富有創造力的人，他的神經網絡會較一般人有更強的連結，所以他的大腦各個區域之間的訊息交換會相對比較迅速，思維也會比較發散。這些人比較擅長在思考的時候把注意網絡斷開，切換到預設模式網絡，而在思考完之後，再把注意網絡連接上。從某種程度上說，預設模式網絡作用的主要體現就是創造性思維，而創造性思維在我們的天賦組成中會變得越來越重要。

創造學的誕生

有人說，人類的歷史就是一部創造的歷史，創造每天都在發生，我們的祖先最開始的生活方式是採集狩獵、茹毛飲血、穴居，生活裡沒有床，沒有火把，沒有打獵工具，可是在人類逐步的發明創造中，這些東西開始不斷出現，並且越來越先進。這也就是創造的魅力。

6.3.1 創造學的起源

創造每一天都在發生，但是創造學這一門學科出現得卻很晚，事情還得追溯到 19 世紀 30 年代，美國奇異公司組織了一部分工人進行創造力開發的培訓課程，一

年過後，他們驚奇地發現這些工人的創造力提升了三倍之多。也許有人會疑惑：怎麼判斷他們的創造力提升了三倍？原來，這些經過培訓的工人在培訓之後申請的專利數量，比培訓前增加了三倍！

這件事導出了一個簡單的結論：經過一定的科學教育和訓練，普通人的創造力也是可以開發出來的。這件事在當時美國各大企業中形成了廣泛的影響，以至於很多公司開始紛紛效仿奇異公司的做法。

1941 年，美國有一家叫 BBDO 的廣告公司的董事長提出一個思考方法，叫作智力激勵法，也叫作頭腦風暴法。這方法的提出被認為是創造學誕生的標誌。

那麼創造學到底是什麼呢？創造學是研究人們在各個學科領域中的創造活動，並且探索其中的創造過程、特點、規律和方法的一門科學。

而創造學的目的就是讓更多人參與到創造發明中，讓更多的普通人知道創造發明不是天才才能做的，人人都可以實現創造發明。

可是人們很難想像，頭腦風暴法居然跟精神病有關

系。精神病患者因為精神出現問題，反而跳出了原有思維的框架，思想更加天馬行空，打破了很多邏輯性原理和生活中的各種條條框框的束縛，能夠想到更多正常人所想像不到的事情，他們的頭腦裡能在短暫的時間內產生異常豐富的想法。所以，創造學中就用頭腦風暴法模擬這種思維方式。

頭腦風暴就是在很短的時間內，針對某一個要解決的問題，讓參與進來的人充分地提出能夠解決這一問題的答案，而且在短時間內給出的答案越多越好，就像在頭腦裡刮起一陣大風。

→ 6.3.2 對創造學的認知誤區

我們可以先來了解一下創造學的兩個基本原理：1) 創造力是每個人都擁有的潛在屬性；2) 每個人的創造力都是可以經過科學訓練和不斷激發獲得提高的。

我們來看一個著名的普通人發明創造的例子——珍妮紡紗機的發明：

1764 年，英國一個叫詹姆斯‧哈格里夫斯的紡織工，有天晚上回家的時候不小心踢翻了妻子正在使用的紡紗機，他當時的第一反應就是趕緊把紡紗機扶正。但是他卻發現了一件奇怪的事情：踢倒了的紡紗機依然在轉動，只不過原先橫著放置的紗錠變成直立放置。他忽然想到：如果把幾個紗錠都豎著排列，用一個紡輪去帶動它們，紡織的效率不就高多了嗎？於是他立刻動手製造這樣一台機器，令他無比興奮的是，這台機器投入生產的時候，工作效率比傳統紡紗機提高了八倍。

　　所以說創造發明離我們並不遠，普通人也可以從事創造發明。事實上，我們都很容易對創造產生這樣的認知誤區，以為創造發明只是伴隨著偉人而出現的，而事實是倒過來的：是因為普通人的創造發明在社會上引起了轟動，使那些普通人成為了我們所認同的偉人，而不是因為他們本身是偉人，才做出偉大的發明。

　　社會學家奧格本（William Fielding Ogburn）曾經說過這麼一句話：「人類歷史上從來沒有什麼重大的發明。」

也許你一聽會覺得這句話不對，電腦、電視機、空調這些發明難道不偉大嗎？它們可是帶動了人類文明、社會經濟的發展啊。但是奧格本不這樣認為，他認為，那些創造其實都是在前人的發明的基礎上做的累積、組合和改進。

我們都習慣去讚揚偉大的發明，卻忘了去思考這些創造背後的技巧和規律。很多人習慣把偉人的成功歸因於智商，以及周圍環境給他創造了很好的條件，但很少會去想，他們在成功前經過了長期的學習與積累。

所以在學習創新時，我們就要打破這種「只讚揚，不思考」的壞習慣，去思考那些創造背後的原理和規律，為什麼這些創造會產生？為什麼這些創造會受到人們的歡迎？

我們會認為創造是一門很高深、很神秘的學問，是因為我們沒有意識到，生活中也有很多創造，甚至可以說我們每天都進行著創造。學生在做題時發現新的解題方法，自己手工 DIY 一件別出心裁的禮物送給親朋好友，做飯時將食材進行新的搭配等，這些都是創造。創造與

我們的生活息息相關。

創造性思維
與什麼相關

　　大家通常認為一個人思維創造性的多寡是固定的，但是在過去幾年中，心理學家發現，創造性思維會隨著環境的不同而發生改變。那麼激發創造性思維的環境是什麼？為什麼有時我們會比其他時候更富有創造性思維？

→ 6.4.1　創造性思維與資源

　　首先，如果環境中的資源非常匱乏，會明顯影響到個體或群體的創造性思維。瑞士蘇黎世大學的靈長類動

物學家凡謝克（Carel Van Schaik）對紅毛猩猩進行了研究，研究發現，當紅毛猩猩處於食物匱乏的環境時，會進入一種「節能」的模式。它們會盡量減少運動，選擇吃一些並不太好吃但相對容易得到的食物。而這個「節能」策略，就不利於創造性思維的發揮，因為在資源匱乏的環境中，如果做出一些冒險行為，有可能會導致受傷、中毒，出現生命危險。

也就是說，在一個資源少、風險高的環境中，生物會傾向於採取低創造性、低風險的策略，人其實也是一樣的。哈佛大學經濟學家與普林斯頓大學心理學家合作研究發現：如果提醒一些低收入者他們當前所面臨的經濟窘境，他們在創新環境中的邏輯思維能力與問題解決能力會立刻下降。另外一個關於印度蔗農的研究也發現，在給他們發了一年的工資之後，他們在認知測試中的表現馬上就提高了，所以一個人的經濟情況會對他的創造性思維產生非常大的影響。

所以說，若我們的思想，經常被一些緊急的問題占據（比如說尋找食物、找尋住所、付賬單，或者因工作

壓力過大而感到時間稀缺），那麼這些資源匱乏、時間匱乏的狀態，會使得大腦很難有多餘的空間和認知資源來好好思考和改善長期生活質量，並且很難進行一些具有創造性的思維活動。

　　回到上面對紅毛猩猩的研究，科學家接著將紅毛猩猩關了起來，為它們提供安全的環境與非常豐富的食物，還給它們很多玩具。把新奇的玩具放在這群安全感爆棚的紅毛猩猩面前，結果發現這些有安全感的猩猩不假思索地就開始玩玩具，而且這些紅毛猩猩還表現出了十分強大的創造性思維，並且用這些思維能力來尋找新的玩法。但把這些新奇的玩具放到每天忙於找食物、缺乏安全感的野外紅毛猩猩面前，即使它們在實驗室裡待了幾個月，它們也不敢碰玩具。

　　這些實驗得出來一個結論，只有當人或動物處在相對安全、寬鬆的環境中，大腦不被生存、競爭的壓力完全占據的時候，創造性思維才會比較發達。在放鬆的心情和環境下，一個人會更常發呆和做白日夢。現在有越來越多的研究發現，這種神遊天外的狀態是導致創造力

與原創想法產生的重要因素。白日夢可能會通過潛意識，幫助我們在不經意間解決問題，並且會活躍大腦迴路，讓人把看起來毫無關聯的東西聯繫在一起，並且用創造性的方式來解決問題。

—→ 6.4.2 創造性思維與心理距離

另外一個影響創造性思維的因素是心理距離。2009年 7 月，《科學人》（Scientific American）網絡版報導，美國印第安納大學布盧明頓分校的研究人員發現，對問題產生「心理距離」有助於提升創造力，能夠讓人更宏觀、更全面地考慮問題，從而幫助我們解決難題。

心理距離越大，越容易產生創造力，那麼心理距離是什麼呢？通常來說，不是發生在此時、此地、我們身上的事，都是有心理距離感的事，並且就算是發生在此時、此地、我們身上的事，我們也可以通過改變看待問題的角度，來製造心理距離。例如，同樣一件事，如果發生在國外就比發生在國內的心理距離遠；同樣一件事，

發生在現在與發生在 10 年後相比，發生在 10 年後的心理距離就會比較遠；同樣一件事，發生在自己身上和發生在朋友身上相比，發生在朋友身上的心理距離就會比較遠。

　　印第安納大學的團隊做了一個研究，他們發現我們如果刻意增加心理距離來看待一個問題，使這個問題看起來離自己比較遙遠，就會增加處理問題的創造力。如果說一件事情與我們的心理距離非常近，你覺得這與你密切相關，就會傾向於從具體的、細節的角度來思考這個問題，而如果一件事與我們的心理距離比較遠，就可以讓你從比較少見、新穎的角度來看待它，也可以促使我們把不相關的事情用創造性的方式連接在一起，所以更加容易得到創造性的、腦洞大開的結果。

⟶ 6.4.3　創造性思維與情緒

　　有一個有趣的研究發現，生氣可以增加人的創造力。我們都知道生氣是不好的，生氣會讓人心情變糟，往往

也會帶來不好的結果。但是這項研究卻給出了不一樣的看法。

在這個研究中研究者發現，生氣的情緒能帶來非結構式的思維模式，在生氣這個情緒中，一個人會在解決問題中提出更多原創性的想法。這也是為什麼人們吵架的時候能夠扯得遠的原因之一。

首先，生氣是一種積累能量爆發的狀態，這種富含能量的狀態對於我們大腦調動訊息、創造性地解決問題非常重要；其次，人在生氣的時候，會有更加靈活的思維模式，想法更加發散，也更容易從不同訊息中找出關聯。

生氣的人不容易系統地思考問題，而是在判斷訊息時更加依賴於寬泛的、整體的線索，也就是更容易從更大的視野來看待問題，所以生氣的人會更富有創造力。不過，生氣帶來的創造力只會出現在剛開始生氣時，生氣的時間越長，創造性思維會下降得越快，直到降至一般水平。

如何培養
「創造性思維」

這一節我們不講如何運用創造性思維，因為你越想要運用它，它就越發難以激發。此節主要來講述如何培養創造性思維，讓我們在日常生活中更富有靈感。

6.5.1　允許自己與眾不同

除了之前說的環境能影響一個人的創造性思維外，一個人對於自己的態度、生活習慣也會影響創造性思維。想要培養創造性思維，首先就要允許自己與眾不同。

一個人或多或少都會有一些原創性的、與眾不同的

想法，然而在傳統文化中，人們總是會擔心自己的想法能否融入周圍的群體？會不會讓人感覺到奇怪？會不會遭到他人的排擠？在這種大環境下，不少人選擇抑制自己的想法，久而久之就不太有原創性的想法了。所以要激發自己的創造力，首先要允許自己與眾不同。即使他人一時還沒有辦法理解你的想法，也要允許自己不符合其他人的預期，不要害怕詢問問題與分享想法，也不要擔心自己的想法是對或錯，因為原創本身就是一件好的事情。

→ 6.5.2 保持好奇心

保持好奇心，隨時隨地搜索不知道的東西，並且不斷讀感興趣的書，學新的技能，主動和想要認識的人聊天。在大腦中儲存的東西越多，在生活中可以調動的訊息就越多，也就更容易做出一些有創造性的事情，更容易產生有創造性的想法。

⟶ 6.5.3　足夠的休息

我們要有足夠的休息，因為大腦在疲勞的狀態下幾乎沒有創造性思維。如果你是一個創意工作者，在需要靈感但又感覺疲勞的時候，可以選擇小睡一下，或者四處走一走、吃點東西恢復腦力（因為大腦需要谷氨酸來維持運行）。另外，口渴也會影響創造性思維的發揮，因為缺乏水分攝入，會影響大腦內部神經元之間的信號傳遞。

⟶ 6.5.4　廣泛地攝取訊息

吸取不同領域的知識，包括與你的行業領域毫不相關的知識。這點十分重要，因為這樣能夠有更多的訊息進行碰撞，從而產生新的點子或創意。

創造力從本質上而言，其實就是將兩件完全沒有關聯的事情聯繫在一起，例如，從藝術領域與科學領域中吸收靈感，應用在建築學上來建造房屋，藝術、科學、

建築結合起來可能就成為了大師級的作品。賈伯斯在生活中非常熱愛藝術、宗教和哲學，才能把藝術和禪宗理念運用在手機的設計上。

⟶ 6.5.5　學會放鬆

我們並不是每一天每一分鐘都能富有創意，總有些日子有靈感，有些日子一點靈感都沒有，硬逼著自己發揮創造性思維，反而會抑制創造力的發揮。甚至會導致自己更加沒有創造力。另外，不要總是批判自己的想法愚蠢，或者自己怎麼沒有很好的點子、創意。無論是好想法還是壞想法，都是創造過程中必然的產物，只要嘗試每天都創造性地進行思考，時間久了，好主意、好作品總歸會出現的。

⟶ 6.5.6　大膽試錯

我們可以多嘗試新奇的事物，看看會發生什麼新的

事情，會有怎樣的新結果產生。我們可以嘗試些瘋狂的新點子或新技術，可以改變平時的工作流程。嘗試新的東西，可能大多數時候的結果都是失敗，這個時候不要去批判自己的想法。我們可以把自己的每個想法記錄下來，說不定在未來的嘗試與整合中，會發現這個想法還是可以成功的。

我們還可以試著把新點子與舊點子混合、重組，一定程度上而言，一個新的創意，無非是舊元素的重新組合。我們可以從任何事物上吸取靈感，改造它們、重組它們，直到最後你可以得到自己原創的東西，這恰恰是藝術產生的方式。比如說畢卡索的立體主義畫派，其實就是來源於印象主義與非洲雕塑面具的創造性重組。

⟶ 6.5.7 　與他人合作

與他人合作也是一種激發創造力的方式，因為每一個人都擁有不同的成長背景、知識結構與思維方式，想法往往也各不相同。人和人之間思維的差別，在某方面

會特別大。某些人解決某個問題來易如反掌，而對於你來說，可能是抓破了頭皮也想不到。所以多和別人聊一聊，往往會有不少思想的碰撞，這些思維會互相影響，最後可能會幫你創造出意想不到的結果。

擴展：如何培養兒童的創造性思維

兒童的創造性思維擁有很大的上升空間，但培養他們的創造性思維需要一定時間，不可能一蹴而就。培養兒童的創造性思維有四個要點：

第一，允許孩子有更多的獨處時間。孩子一天中的主要時間被睡眠和上課占據。而在學校的時候孩子需要集中注意力來聽講，在課外活動時也需要集中注意力來活動，他們往往沒有足夠的時間從負責集中注意力的注意網絡切換到負責創造的預設模式網絡，也沒有足夠的時間來胡思亂想和神遊天外，如果一個人只有負責運行注意功能、自控能力和記憶能力的注意網絡，那麼他只

是一個弱化版的電腦。

　　孩子必須既有時間來運行注意網絡，也有足夠的時間來運行胡思亂想的預設模式網絡。這兩者結合起來，孩子才能把學到的知識融會貫通，形成自己的理解，也才能形成有創意的想法。

　　這裡有一個小技巧，在不少家庭裡，家長們是不允許孩子把房間的門關上的，因為家長會認為這樣就不知道孩子在做什麼了。但這個行為不僅會嚴重抑制孩子的創造性思維，還會使孩子缺乏安全感。因為孩子不知道家長什麼時候會突然走進房間，因為擔心家長突然進來，所以會不敢在房間裡隨意走動來進行思考，不敢把手邊的東西當玩具隨便玩耍。這會限制孩子創造力的發揮。

　　所以要給予孩子更多的獨處時間，不妨先從允許孩子把房間門關上開始。

　　第二，鼓勵孩子有「自發式」的熱情，而不是「強迫式」的熱情。先來說說什麼是強迫式熱情，所謂強迫式熱情，就是為了得到獎賞而做某件事情的熱情。而自發式熱情，指一個人自發產生的、自願去做某件事的熱

情。

　　簡單來講即是：應該鼓勵孩子的興趣，讓他自發做某些事，而不是用獎勵來誘惑他們，讓他們完成你想讓他們完成的任務。

　　比如，孩子有興趣學洗碗，當他洗好碗後我們可以誇獎他「洗得真乾淨，比媽媽洗得還要好」，從而激發他的興趣，讓他以後樂意幫助父母洗碗，因為他們會覺得自己受到了認同。而如果家長說「以後你洗一次碗，我給你十塊錢」，這樣會讓他覺得，自己是在為外界的獎勵工作，而不是為自己工作。

　　鼓勵孩子多擁有自發式熱情有助於形成有益的自我身份認同，「我是一個喜歡洗碗的孩子」、「我是一個喜歡畫畫的孩子」、「我是經常被媽媽表揚的孩子」……這些自我身份認同對於塑造孩子自信、自強的品格有著非常大的幫助。而在創造性思維方面，自發式熱情能夠讓孩子主動接觸很多新事物，並且培養孩子的好奇心，讓他有興趣深入了解這些新事物。這對於他們的想像與創造有著十分大的幫助。

所以，我們應該多鼓勵孩子的自發式熱情，自發式熱情越多，孩子身心健康程度，學習的持久力、專注力，自尊程度及生活滿意度就會越高。

第三，拓展孩子的體驗，開闊孩子的眼界。這樣可以增加靈感發生的可能性，可以激發孩子的想像力和創造力。具體做來，可以經常帶孩子參加戶外活動，與大自然親密接觸，還可以帶著孩子參與不同的社交活動，帶孩子去各地旅遊等。這些都會增加孩子大腦中的材料，提升孩子大腦重組材料的能力。為異想天開提供更大的支持。

第四，教育者、家長、老師、政策制定者，應該換一種思維方式來考慮孩子的能力，那些想法與一般孩子不一樣，但是成績一般的孩子，通常在學校中會受到打擊。其實，這些孩子往往較其他孩子擁有更高的原創能力。

我們能否建立一套多維度衡量孩子能力的系統？父母與老師能否考慮下從高高在上的位置走下來，嘗試挖掘每個孩子獨特的能力，以及鼓勵他們的獨特性？我認

為這很難，但應該成為未來努力的方向。

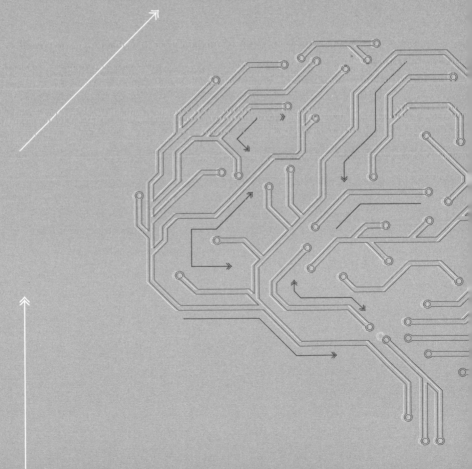

第 7 章
說話要有邏輯性

對常人而言，語言是構成日常生活必不可少的一個成分，它能幫助我們便捷地表述情感，快速地處理訊息。不過，有不少人在說話時會缺乏一定的邏輯性，這樣不便於我們訊息的交流，甚至有時候會弄巧成拙，引起不必要的爭吵。

對什麼話，說什麼話

　　在講對話中的邏輯前，須先說明一點：並不是任何時候都能夠用邏輯說話。理解了這點，才能夠學會說話。我們應該都聽過「對什麼人說什麼話」，我今天要說「對什麼話說什麼話」。我們可以把人們說的話分為兩大類：感性的語言與理性的語言。

　　感性的語言，指的是表述情感、帶有主觀色彩的語言。像關心他人或者希望被人關心時，所說的話就屬於感性的語言。如你失戀了，閨密問你「沒事吧」，爬山走了很久的路，女生撒嬌地對男朋友說「你背我吧」，包括女性痛經時對自己的男朋友說「我好痛」……這些都屬於感性的語言。理性的語言，指的是詢問事實或闡

述客觀情況的語言。如老闆問秘書「上季度的報表做完了嗎」，老師在講台上講解某個理論，這些都屬於理性的語言。在說話時要注意：感性的提問用感性的語言回答，理性的提問用理性的語言回答。

外面天氣很冷，你從外面回到宿舍，室友問你：「外面很冷，沒事吧？」你回答：「沒事。」這就是感性的提問用感性的語言回答。上課時，老師向你提問：「π約等於多少？」你回答：「π ≒ 3.1415926535。」這就是理性的提問用理性的語言回答。

如果你用錯了語言，用感性的語言來回答理性的問題，或者用理性的語言來回答感性問題，那麼很容易讓人感覺你不會說話。

例如，室友問你：「外面很冷，沒事吧？」你回答：「先問是不是，再問有沒有。冷和熱是相對而言的，相對於人的體溫或許外面是很冷，但相對於……」一次兩次算風趣，多了之後你會沒朋友的。

你的朋友由於能力不足被公司解聘，他心情不好大罵公司。這時候他其實是在用感性的語言發泄情緒。如

果你想要告訴他真相，上去就說「沒辦法，你能力不足」，很容易讓他更生氣。

正確的做法有兩個：陪他罵公司，或者什麼都別說，等到他平靜下來了，再告訴他：「被解聘其實也有你能力上的原因。」這樣對方會更容易接受。

交談中的邏輯

　　說完了感性的提問用感性的語言回答，理性的提問用理性的語言回答，我們現在來說說，在用理性語言對話時，我們要怎樣用邏輯交談才能更好地提高效率，用最少的話語，讓聽眾聽明白。

→ 7.2.1　先說重點，結論先行

　　先說重點的原因很簡單：方便聽眾理解，減少聽眾處理訊息的成本。

　　按照人的思考習慣，重點應該放在最醒目的地方特別指出，如果不先說重點，而是把重點放在最後，很容

易讓聽眾沒有重心，不知道哪些該重點聽，哪些隨便過一下就好。一口氣說一大堆，結果最後人家才聽懂：「哦，原來你要說這個。」這樣的表達效果很差。

在知乎上看過這樣的回答：

先說重點可以幫助聽眾在大腦裡建立一個中心，在接收訊息時可以快速抓住重點，人的精力是有限的，對方很有可能會聽漏你說過的話。而為了防止對方遺漏重要訊息，也建議先說重點。新聞寫作會遵循「倒金字塔」原則，最重要的訊息放在最前面，而聰明的文案也能做到，如果讀者有時間，可以把全文讀一遍，如果沒有時間，把標題讀一遍也能明白什麼意思。

$\longrightarrow$ 7.2.2　分點概述

分點概述也是為了減少聽眾處理訊息的成本，方便聽眾處理訊息。

比如負責招聘的 HR 人員在看簡歷時，不喜歡看劃

分太過簡單甚至沒有進行劃分的簡歷，因為這提高了閱讀上的成本，而且還很容易讓人遺漏訊息。推荐大家寫簡歷時，最好做一個大概的分點概述：你的基礎訊息、教育背景、在校經歷、實習經驗等。

同樣的，在分析問題、回答問題時，分點概述也十分有用。例如，我要回答一個問題：如何學習ＸＸＸ。我們可以把學習劃分為三個動作：輸入、處理與輸出（如圖 7-1 所示）。

圖 7-1　學習的三個動作

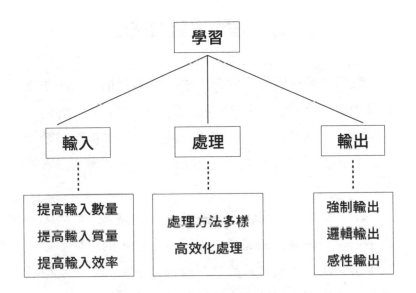

然後對輸入、處理、輸出這三個方面，進行進一步的討論。這樣有層次、邏輯清晰地進行分點敘述，可以減少聽眾處理訊息的成本，方便聽眾處理訊息。

⟶ 7.2.3 盡量不說口頭語

　　我們在表達時往往會有一些不好的習慣，口頭語就是其中的一項，比方說「嗯」、「啊」、「呃」、「這個」、「那個」、「然後」⋯⋯這些一般人說話時很容易會帶出的口頭語，很容易干擾到聽眾的思考，顯得說話者不夠專業。

　　為了解決這個問題，我們可以嘗試描述一件事，這件事可以是你過往的經歷，也可以是他人的故事，然後用手機、錄音筆或者其他錄音設備錄下來。之後反復聽幾遍，尋找那些口頭語。然後在以後的交流中，有意地對自己的語言進行調整。如果自己聽不太出哪些語言屬於口頭語，也可以把自己錄製的語音檔交給別人，麻煩他人來聽聽，或者乾脆在他們面前再講一遍。

應該掌握的技巧 —— 辯論

在日常生活中，我們應該學習一些辯論技巧。因為：1）觀點衝突無處不在；2）辯論是解決爭端的常用手段；3）說服力是綜合素質的最好體現。下面我們一條條來分析。

1. 觀點衝突無處不在

在這個時代，人與人之間的交流非常頻繁而價值觀多元化。即使你想獨善其身，不喜歡爭論，但衝突無處不在。所以懂得辯論、學會辯論是非常有必要的。並不是說你懂得辯論就能夠解決衝突，但你學習了以後可以辯明誤會、解決衝突、申明自己的主張，最終獲得他人

的支持。

2. 辯論是解決爭端的常用手段

解決爭端有許多種方式，像暴力、不予理睬或者是暗中使壞。部分手段是通過中止爭端來解決爭端，這樣很容易留下後患，像不予理睬，可能會讓對方心裡留下恨意。

而辯論中可以互換觀點，從而得到更具說服力的答案。人與人之間、組織與組織之間、國家與國家之間，往往是通過辯論來解決爭端的（協商也是辯論的一種，互相交換訊息、爭取雙方或者多方的認同）。所以說辯論是解決爭端的常用手段，甚至可以說是主要方式。

3. 說服力是綜合素質的最好體現

辯論考驗人的智商、情商、知識儲備及學習能力。所以，說服力是綜合素質的最好體現。而學習辯論，可以提高我們的說服力。

7.4

如何與他人辯論

與他人辯論，首先要明白辯論是建立在理性的思考的基礎上的。它是一種互相的說服，而不是情感的宣泄。為了弄清楚如何與他人辯論，我們首先要明白「一般人對於辯論的三個誤區」。

7.4.1 辯論的三大誤區

人們對辯論一般都會有三個誤區：1. 過於注重表現自己；2. 過於想要壓過對方；3. 把維護尊嚴當作是在辯論問題。

1. 過於注重表現自己

爭辯時，對方的沉默並不一定是因為他覺得你說的是對的，有時只是他不想再繼續討論，但不少人在這個時候會對同行的人表示：「看，對方說不出話來了吧」，以示自己的勝利。其實這並不是一個很好的行為。辯論的核心在於說服，而不是單純地表現自己，顯示自己多麼厲害。拋棄了辯論的核心——說服——的一切辯論，在某種意義上其實是作秀。

2. 過於想要壓過對方

雖然辯論是一種互相的說服，但其最終目的卻是認清真相，尋找最優解。反駁對方的論點固然是辯論的主要內容，但如果對方有合理的地方，也應該給予肯定，如果自己被對方指出了問題，也應該承認。這樣才能在辯論中加深對問題的認識，從而找到完善的解決方案。

3. 把維護尊嚴當作是在辯論問題

這種情況在現實生活中十分常見，有時候，被他人

指出了錯誤，即使自己心裡承認，嘴上也會堅持原有的觀點。這是因為你認為承認錯誤會讓你丟臉。

因此，我們要明白辯論的第三個誤區就是「把維護尊嚴當作是在辯論問題」，同樣我們應該再次明確，辯論的核心是說服。

那麼我們要如何與他人辯論呢？我將在下面四個小節中加以介紹。

→ 7.4.2 辯論前的立論

我們可以把辯論分解為四個部分：立論、質詢、反駁、總結（如圖 7-2 所示）。這一小節主要介紹如何立論。

圖 7-2　辯論的組成

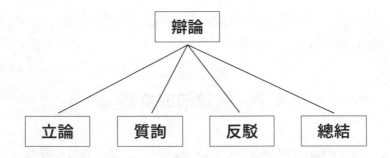

　　立論就是確定中心觀點，之後的辯論都要圍繞這個中心觀點進行。為了更好地確立論點，一般要注意三個點：

1. 你的受眾是誰？

他們是誰？他們相信什麼？他們知道什麼？他們需要什麼？他們關心什麼？對這些都要了然於胸，否則你所立的論可能與受眾之間不契合，沒有契合就難有共鳴，立論也就難以達到好的效果。

2. 注意論證的時間

盡可能用簡潔的語言，深入淺出地闡明論點。立論要是不好，論證時可能要花更多的時間、精力，應用更多的例子。但太長的例子很少有人願意耐心聽完，所以要注意論證的時間，找一些受眾熟悉或者是可以在短時間內講述完的例子。

3. 注意可能的提問

事先要對可能被提問什麼問題進行揣摩，這樣有助於選取、修改論點，對可能的問題有一個初步的假設，做好迎擊的準備。例如，我立了一個論，「真理越辯越明」，那麼我可能會被問到兩個問題：為什麼之前我很

明白，但是與他人辯論之後反而不明白了？詭辯、狡辯是不是「辯」呢？這就是我要準備迎擊的問題。

→ 7.4.3 **辯論時的質詢**

詢問對方的觀點，看看對方會不會支支吾吾、閃爍其詞，是否有可疑的地方，看看能不能問出一些自相矛盾或不實的地方。

例如，法庭上要對證人進行質詢，以判斷他的陳述是否屬實。假設一個人做證 A 殺害了 B，那麼律師會質詢證人：「好的，讓我們來確認一下，你確定你看到了 A 殺害了 B 嗎？請問你是在什麼情況下看到的？是在什麼時間看到的？被告人在你的什麼方向？你當時在什麼位置？當時的光源是什麼？是路燈還是月光還是其他的什麼？」如果對方說我是通過月光看到的，結果一詢問氣象局，發現當天是陰天，並沒有月光，那麼證人就是在撒謊。這就是質詢的威力。

很多人以為質詢最好讓對方沒有辦法做出回答，但

其實這是一個質詢中的誤區。因為辯論中如果只追求讓對方無法回答，可能會選取過於刁鑽的角度，對方可能一時被難住了，但觀眾會認為這是詭辯，因此己方反而會失去支持。而且萬一對方想出了破解方式，這樣會為對方加分不少。

──→ 7.4.4 辯論中的反駁

反駁，應該是辯論中最重要的一環，對於反駁，本小節主要講解四個點：1. 避免無意義的爭端；2. 認識常見的謬誤；3. 滑坡論證與歸謬；4. 應對二難推理。

1. 避免無意義的爭端

其實我們平時很多的辯論都是無意義的爭端，雙方都覺得對方沒有認同我，但可能雙方講的是同一個意思，或者是同一問題並不矛盾的兩個角度。

例如，老闆在台上講話，下面坐著兩個員工，一個說：「老闆以員工為核心，很照顧我們。」而另一個說：「那

只是在嘩眾取寵罷了。」其實兩人都認為老闆看重員工，只是對這一事實的價值判斷不同。

其實在生活中，許多的爭論都屬於這種情況。比如一個人本來做出了一個選擇，後來又做出了另一個選擇。可能有人會說「這是言而無信」，但你也能說「他重新考慮過了」；你說一個人「頑固」，我也能說「他那是堅定」；你說一個人大怒「很沒有素質」，我也能說「他只是義憤填膺罷了」。其實雙方對事實的判斷是一致的，只是對同一現象有不同的看法。

2. 認識常見的謬誤

謬誤主要可以分為三類：含混謬誤、預設謬誤、不相干謬誤。每類中又包含幾個方面，如圖 7-3 所示。

① 含混謬誤

含混謬誤主要是指這三個方面出現謬誤：分解＆合成、重（ㄓㄨㄥˋ）讀，以及歧義（如圖 7-3 所示）。

圖 7-3　謬誤的分類

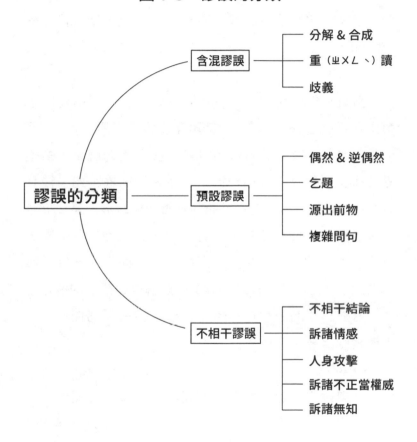

• 分解＆合成：

通過總體情況來推測個體，或者通過個體來推測總體，這些都屬於含混謬誤中的分解＆合成，結論往往是錯誤的。

• 重讀：

指有意地強調個別訊息。這種謬誤中，所引述的事實本身可能是沒有錯的，錯就錯在它誤導了觀眾。

比如，一家服裝店店門口有一塊很大的牌子，遠遠看牌子上面寫著「全場一折」，你興衝衝地跑過去後發現商店裡的東西大多是打八折、九折，只有襪子是一折。原來，牌子上面寫的是「全場一折起」而不是「全場一折」。商店故意把「起」字寫得很小，而把「一折」寫得很大。這就是屬於將旁人的注意點引導到錯誤的地方。

這種謬誤的破解也不難，在辯論中只要稍加留心，就能夠聽出來。

• 歧義：

指辯論的主題可闡釋成多個意思，如「真理是不是越辯越明」，辯題中有「辯」和「明」。什麼是「辯」？

詭辯是不是辯？辯論是不是辯？什麼是「明」？是自己覺得明白了就是明，還是說了解了真相之後才是明？這些都是有不同含義的。具體要怎麼解釋這些詞，就要看你為哪一方進行辯論了，然後選擇對自己有利的解釋。

以上就是含混謬誤，在字詞句的解釋上含糊不清或者思緒混亂。

② 預設謬誤

接下來講講預設謬誤常見的四個方面：偶然＆逆偶然、乞題、源出前物、複雜問句。

• 偶然＆逆偶然：

偶然謬誤指的是以偏概全，逆偶然謬誤指的是以全概偏。如看到一個人學生在街上丟垃圾就說「人學生真沒素質」，這就是以偏概全，就屬於偶然謬誤。像說東北人都很能喝酒、廣東人都說廣東話，這些就是以全概偏，屬於逆偶然謬誤。東北人也有不能喝酒的，廣東也有不說廣東話的。

• 乞題（begging the question）：

指在無法進行論證時，從題目本身尋找答案。如論

證「人為什麼是有理性的動物」，可能會有人給出這樣的答案：「沒有理性的動物算是人嗎？人本來就是有理性的，因為人的概念就是擁有理性的動物。」這就是典型的乞題。

但在真正的辯論裡，是不能夠從問題本身中尋找答案的，否則這不是一個完整的說明，缺乏說服力。

• 源出前物：

將發生順序上前後相續的事物，誤以為是有因果關系的（事物A總是出現在事物B前面，所以就把A當作B的原因，將B當作A的結果）。

舉一個例子，公雞在黎明時分會鳴叫，因此有人以為，因為公雞叫了，所以天就亮了。這就是很典型的源出前物謬誤。

雞的腦部有一個「松果體」，它可以分泌褪黑素，褪黑素水平下降雞就會叫。絕大多數鳥都是夜盲症患者，雞也不例外，一般情況下，夜裡雞都在睡覺。而一旦有光射入眼睛，褪黑素的分泌受到抑制，雄雞就不由自主地「司晨」了。

公雞什麼時候都啼叫。有人統計過，公雞在白天大概每小時啼叫一次，只不過早上那第一聲雞鳴劃破了黎明的寧靜，臨近的公雞接力下去，讓人印象深刻。

　　古代，雄雞可以安靜地享受一整個黑夜。在滿月的時候，天上明亮的月光偶爾也會因為太亮而刺激一些敏感的雄雞在黑夜裡鳴叫。戰亂的時候，往往天黑了依然會有耀眼的火光和刺耳的聲音，因此雄雞會被驚擾到，於是它們的「鳴叫」也變得頻繁了。因此古人以「雄雞夜鳴」為凶兆，認為這預示著戰亂的到來。

　　其實，並不是雞夜鳴預示了戰爭，而是戰爭造成了天黑之後有火光，而光亮影響了雄雞褪黑素的正常分泌，使雞在夜晚鳴叫。

　　• 複雜問句：

　　一位哲學家曾經講過那麼一段話：「請你回答一個問題，用是或不是來回答我。你是否停止了毆打你的父親？」如果你回答「是」，就意味著你毆打了你的父親，只不過是後來停止了；如果你回答「不是」，就意味著你毆打了你的父親，而且還沒有停止。無論你回答是或

者不是，都等於承認了「你毆打了你的父親」，這就屬於複雜問句。

像這樣的例子還有很多，「你還敢不敢？」「你是否已經洗心革面了？」「好好學習是獲得好成績的充分條件，還是必要條件，還是充分必要條件？」這些都屬於複雜問句，如果順著提問人的思路走下去，那麼就等於是承認了前提「我做過這件事」、「我幹過壞事」、「好好學習一定與成績有關」。

正確的破解方法應該是回答：「不好意思，不是我不想回答你的問題，但是你的問題本身就是有問題的。」這樣，問題就迎刃而解了。

③ 不相干謬誤

這種謬誤在日常生活中最常見到，但是最容易讓我們陷入其中。你感覺到一個論證的前提、過程沒問題，但是結論怎麼都有點不對勁時，往往就是遇到了不相干謬誤。

不相干謬誤主要分為五種情況：不相干結論、訴諸情感、人身攻擊、訴諸不正當權威、訴諸無知。

• 不相干結論：

指結論好像很有道理，但是其實與問題本身並不相干。比如一個人說：「為什麼這個雞蛋這麼難吃？」而另一個人回答他：「比隔壁村的雞蛋好吃很多了。」這與問題「為什麼這個雞蛋這麼難吃」並不直接相關，屬於答非所問。

同樣的例子生活裡還有很多：「你為什麼這麼不聽話？」「我比鄰居家的小孩聽話多了」；「國足一般般！」「比那ＸＸＸ國家踢得好多了」；「我們班不夠團結！」「比那一班團結多了」……這些都屬於不相干結論。

• 訴諸情感：

這樣的例子在生活中也有很多，比如女朋友第一次做飯，男朋友嘗了一口：「怎麼這麼鹹啊？」這時候女朋友生氣了：「我做了這麼久，你還這麼說，你是不是不愛我了？」

男朋友就表示鬱悶了：「沒有啊，我一直都是愛你的啊，我只是在說這菜有點鹹了。」

女朋友的回答就屬於訴諸情感。

• 人身攻擊：

比如在醫院裡，護士催促一個癌症患者家屬：「不好意思，能夠把上次化療的錢結一下嗎？」這時候患者家屬大喊：「他都已經癌症了，你們怎麼還好意思來催錢？你們有沒有良心啊？」說護士沒有良心，這就屬於人身攻擊。

• 訴諸不正當權威：

比如拿出朋友圈裡一些引用的資料沒有權威來源的文章，如「美國人不吃基改食品」、「毛澤東以前數學零分」等謠言，作為自己的理論依據，就是訴諸不正當權威。

其實還有很多大學所謂的社會調查、一些電視台的問卷結果，也屬於不正當權威。因為這些調查有許多都不符合標準，設計不合理，所以他們的結論是不權威的。

• 訴諸無知：

我們很多人以為，只要證明了對方是錯的，就說明自己是對的。這就是屬於訴諸無知。

在進化論與神創論的爭論中，神創論者往往會訴諸

無知來攻擊進化論者。比如神創論者會問進化論者：「你覺得眼睛是怎麼進化來的？」眼睛是一個很複雜的器官，很難進化出來。

達爾文在他的著作《物種起源》中也承認：「眼睛有調節焦距，允許不同採光量進入和糾正球面像差和色差的作用，是無與倫比的設計。我坦白承認，認為眼睛是通過自然選擇而形成的假說似乎是最荒謬可笑的。」

神創論者看到進化論者無法解釋眼睛是如何進化而來，於是揚揚自得：「進化論者無法證明眼睛是如何進化而來，所以神創論是對的。」這就屬於訴諸無知。

同樣的例子還有，19 世紀有一本《大百科全書》裡面說：「太陽形成不會早於 100 萬年前。」而它給出的原因是：「即使太陽裡面裝滿了煤，它也無法燃燒 100 萬年。」因為當時的人以為煤是最好的燃料。這個結論在我們現代人看來很傻，這就是典型的訴諸無知。

不相干結論、訴諸情感、人身攻擊、訴諸不正當權威、訴諸無知，這些都屬於不相干謬誤，不相干謬誤有一個共同點—— 它們都是在轉移你的話題。所以我們整

體的原則是：回到原來的話題，不要忘記你原本問的是什麼。

3. 滑坡論證與歸謬

• 滑坡論證：

滑坡論證也稱楔子論證，它往往想要在第一步的時候就推論最聳人聽聞的結論，所以聽眾最好不要採納其第一步的訊息。某些行為就如同是在滑坡上的第一步，雖然它們本身是合理的，可是它們將不可避免地導致一系列糟糕的後果。

小的時候，沒少聽過父母嘮叨「現在這麼年輕就喜歡睡懶覺，那以後還怎麼得了」、「小小年紀就開始說謊話，以後就會偷竊，偷竊就會坐牢」等，這些都屬於滑坡論證。

讓我們再回顧一下「紂為象箸」的故事：

紂王做象牙筷子讓箕子感到恐懼。他認為：「象牙筷子肯定不會放在土鉶這樣的土製的器皿上，必然要用犀

牛角和玉做的杯子。用象牙筷子、玉杯子，不可能會以豆子、豆葉這樣的普通蔬菜作為食物，那麼食物必然是犛牛、大象、幼豹這樣的珍饈佳肴。吃犛牛、大象、幼豹肯定不會穿粗布短衣，在茅屋下用餐，肯定是綾羅綢緞的衣服無數，房子做得很大，台築得很高。我擔心他的結局，所以害怕他的開始。」

這個故事就是典型的滑坡論證。我們要知道，要應對滑坡論證有一個十分重要的點：論證每步之間的推理並不嚴密。

比如我們可以通過統計來論證，年輕人愛睡懶覺是正常的，所以「現在這麼年輕就喜歡睡懶覺，那以後還怎麼得了」是不成立的，它們沒有必然的因果關系。

• 歸謬：

歸謬是辯論中最為重要的一種反駁方式。歸，指整理出對方觀點中的邏輯；謬，指推導出其中的荒謬之處。這是一切反駁的核心。而歸謬的要點在於：原則是否可類比。

我們現在來舉一個歸謬的例子：對方的觀點是「在不傷害他人的前提下，凡事都可以做，所以安樂死是可行的」。那麼我們可以從這句話中歸出對方的邏輯是「在不傷害他人的前提下，凡事都可以做」，然後我們可以歸納出許多的荒謬之處，我們許多的道德規範都會被這一觀點衝垮，所以我們可以歸謬出「在不傷害他人的前提下，凡事都可以做」是一個錯誤的觀點。

　　說完了歸謬，我們來談談反歸謬，怎樣才能讓對方沒有辦法歸謬。

　　反歸謬其實很簡單，其實我們這個世界上幾乎沒有一件事是僅僅通過一項原則推導出來的。一個行為、一個觀點，後面有著許多的支持點。防止歸謬的方法很簡單，設立多個前提，防止對方單一歸謬。

　　拿上述的安樂死來說，如果由我們來論證這一觀點，可以從價值觀、原則、社會經濟、情感等多個角度對結論進行推導，這樣可以防止對方的歸謬。

4. 應對二難推理

常見的二難推理有三種：知道者悖論、推理悖論、莫頓悖論。舉幾個生活中比較常見的例子。

知道者悖論：懂的不用說，不懂的說了也理解不了。

推理悖論：推理超出前提則無效，不超出前提則無聊。

莫頓悖論：奢侈者花得多應該徵重稅，節約者花得少也應該徵重稅。

現在我們一個一個來破解。

「知道者悖論：懂的不用說，不懂的說了也理解不了。」按照這種說法，那麼好學生不用鼓勵，反止他是好學生，壞學生也不用激勵，反正激勵了他，他也依舊是壞學生。

知道者悖論構建了兩個極端情況，而這兩個極端情況在大多數時候是不真實的，所以我們要做到繞過死角，討論常態：「沒有人能夠懂你懂到如此極端的狀態，什麼都不說都能明白你的意思；也沒有人不懂你不懂到什麼都不懂，哪怕是外國人也能通過你的肢體語言了解一

些簡單的事。」

這就是對二難推理的一種破解，在這兩個極端都是錯誤的情況下，指出這兩個極端是錯誤的就可以了。

現在來說說「推理悖論：推理超出前提則無效，不超出前提則無聊。」

這個悖論的前一部分「推理超出前提則無效」是正確的，在前提超出公理系統外的前提下，推理是無法進行的，即使進行下去了，答案也是錯誤的。而悖論錯就錯在後一部分「不超出前提則無聊」。

我們可以直擊一端：不超出前提是有意義的。比如在中學、大學，我們學過很多數學定理，這些定理都是不超出前提的，但數學是十分有意義的學科，所以推理是有意義的。

最後來推導下莫頓悖論：「奢侈者花得多應該徵重稅，節約者花得少也應該徵重稅。」這是法國的一個大臣的理論。對待這種荒謬的理論，我們可以做一個反向二難推理：「奢侈者存得少，所以應該少徵稅，節約者花得少，已經這麼可憐了，我們應該少收稅。」這叫反

向二難推理。

希臘的哲學家也構建過一個反向二難推理的詭辯：

有一個青年去學法律，他的母親對他說：「你不要去學法律，因為如果你秉公執法，就會有很多人恨你；如果你貪贓枉法，神靈不會饒過你。要麼很多人恨你，要麼神明不會饒你，所以你還是不要去學法律好。」這個年輕人回答道：「如果我秉公執法，神明會喜歡我；如果我貪贓枉法，很多人會喜歡我。要麼神明喜歡我，要麼很多人喜歡我，那我還是去學法律吧。」

這也是一個反向二難推理。當你的思路足夠清晰，無論是二難推理、滑坡論證、歸謬，還是不相干謬誤，對你來說都不會構成威脅。

⟶ 7.4.5 辯論末的總結

總結，是指總結自己的觀點，找出對方的邏輯錯誤，

為辯論進行收工。在總結時常見到三種錯誤：另起爐灶、睚眥必報、晚節不保。

• 另起爐灶：脫離實際問題，往往說得很慷慨激昂，但其實脫離了實際討論的問題，或者是說的東西與實際情況並不吻合。

• 睚眥必報：將對方觀點裡的錯誤一一揪了出來，但是這犯了訴諸無知的謬誤，只是抓出了對方的錯誤，沒有告訴他人，自己的觀點為什麼是正確的。

• 晚節不保：只是單純地就事論事，沒有進行昇華。其實這個時候，我們應該對觀點進行深化，這種深化既可以是事實上的，我們應該怎麼看待這個問題，也可以是價值觀上的，我們應該從哪個角度來解讀一些社會現象。

這就是總結時常犯的三個錯誤，主要的解決方法就是勿忘初衷，可以適當地抓出對方邏輯上的錯誤，目的是增加自己的可信度，然後說出自己的觀點，最後進行感情上、價值觀上的深化，讓聽眾記住。

只要平時稍加注意，就能鍛煉出超越 95% 的人的辯

論技巧。

擴展：
如何變得會聊天

　　本章節來自大陸的社群網站「知乎」上一位 ID 為「簡」的用戶的回答，本書使用已獲得授權。主要從兩個大方面和六個小方面講述「如何變得會聊天」，答題大綱如圖 7-4 所示：

圖 7-4　如何變得會聊天

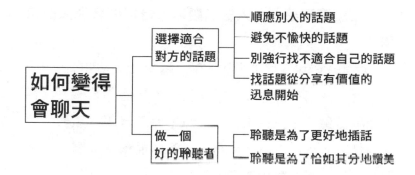

→ 7.5.1 選擇適合別人的話題

聊天要學會順著別人的話題聊，而不只是順著別人的話聊。也不要輕易提起別人敏感的話題，推己及人。別人可能不喜歡討論的，盡量不要討論。

1. 聊天要順著別人的話題聊，但別順著別人的話聊。

比如：母親A和母親B坐在一起，母親A開口說道：「哎呀，我家孩子實在是太調皮了，暑假開始一直窩在家裡玩遊戲，哪兒也不去。」如果此時母親B順著母親A的話聊，接話說：「是啊，怎麼你家孩子這麼不聽話呢？」這不但沒讓母親A覺得吐槽一下心裡好受，可能還會產生怒火：我的孩子你批評個什麼勁兒！

最好的做法是順著母親A的話題聊，話題不就是聊自己的孩子嘛。母親B可以答話說：「我家的孩子也這樣啊，放暑假就整天在家裡玩，也不出去打打球什麼的。」這樣接話，就會讓母親A覺得心理平衡了：你家

孩子也這樣啊。然後接下來，兩個母親就可以討論「怎麼能讓自己的孩子別整天在家玩遊戲」了。

2. 聊天時要懂得避開不愉快的話題，切勿踩入話題雷區。

會聊天的人懂得回避不愉快的話題，不會聊天的人分分鐘踩中話題「雷區」。

話題雷區主要包括：隨意八卦別人的對象、薪資、婚姻狀況、缺點等。比如：一起聊天的幾個人中剛好有人失戀了，你問其中一個人，你和你對象最近怎麼樣了。

如果別人踩中你的話題雷區怎麼辦呢？若碰到別人在聊天時不知趣地踩中你的雷區，先別忙著生氣，也不要生硬地轉移話題。生硬地轉移話題很多時候並不能讓對方放棄那個話題，很可能產生反效果，讓人家緊咬著你不放。

此時學會巧妙地轉移話題就顯得很重要了。巧妙地轉移話題，就是把加在自己身上的話題轉移回問話的人身上去。

比如，過年時被七大姑八大姨追問：「你有對象沒啊？」如果你沒對象，那也千萬別翻白眼，你可以巧妙地轉移話題。回答七大姑八大姨說：「還沒呢，但是您家兒子媳婦處得真不錯，教我兩招吧。」這樣回答就巧妙地把話題轉移到了對方身上，這樣對方也會順著你的話聊他家兒子兒媳的相處之道，你在一旁聽著就可以了。

3. 別強行找不適合自己的話題，讓場面變得尷尬

有些人可能看到「選擇適合對方的話題」，就在聊天中強行找「適合」對方的話題，但如果話題只適合對方，而根本不適合你，那場面就很尷尬了。比如，冷場時，你想讓場面熱鬧起來，但你不懂得幽默，卻想要強行幽默，然後講一個冷笑話出來，也許你把自己逗得捧腹大笑，但周圍人愣愣地看著你，場面就更加尷尬了。

4. 找話題從分享有價值的訊息開始

聊天嘛，當大家都不開口說話的時候，又不能強行找不適合自己的話題，那肯定要找找在場聊天的人的共

性，從共性出發，分享有價值的訊息。當然這個價值更是相對於他人而言的。比如：一群女生坐在一起該聊什麼？女生的共性是什麼？愛美、關注明星娛樂資訊等。那就可以聊聊你今天看到了什麼娛樂頭條，你最近發現了什麼護膚的好產品……這些就是對於在場聊天的女生有價值的訊息。

⟶ 7.5.2　做一個好的傾聽者

別總想著在一場聊天中做主角，侃侃而談，各種段子隨手拈來，而要想著如何做一個好的配角。做好的配角，就要求你做一個好的聆聽者。

1. 聆聽是為了更好地插話

認真聽別人說話，才能在別人說話的間隙適當地插話，能避免說話人的「尷尬」，場面如果太沉默，會讓說話人覺得自己「冷場」了。那如何在聊天中接話才能讓人感覺很舒服呢？

• 表示感同身受，撫慰式接話：

在別人訴說他曾經遇到的難過或者開心的事情的間隙，你就可以插話說：「我能理解你的心情，你當時肯定特別難過（開心）……」要表達出非常願意聽對方說話的感覺，讓別人覺得你是一個很好的傾聽者。

• 將對方的話大概重述一遍，猜測式地插話：

在別人講述的間隙，你可以將他講述的大概想一遍，再加入你的一些猜測。你可以這樣說：「我猜你當時肯定很想……」

• 平復對方的心情，開導式接話：

對方如果在說特別難過的事情，我們當然要平復對方的心情了，而且還要加以開導，而不要跟人家分析個中道理什麼的。難過的時候，誰需要你的道理啊？

2. 聆聽是為了恰如其分地讚美

在聆聽的過程中對對方適度地讚美是可以的，但過度就不好了。比如，在一個《我們相愛吧》綜藝節目中，藝人魏大勛和李沁組成一對封號「清新 CP」的情侶，一

開始兩人很尷尬，而魏大勛因為尷尬，所以對李沁一直誇讚，不斷說李沁「真的很漂亮」，李沁就感覺魏大勛的誇讚太假了，太過奉承。讚美說一遍是真誠，但是過度的讚美會讓人覺得太做作了。

關於如何恰如其分地讚美，再做一些補充：曹雪芹在《紅樓夢》第三回給了我們很棒的提示——如何運用一席話同時誇幾個人，還顯得十分中聽。

在這一回裡，林黛玉被接至賈府，王熙鳳攜著林黛玉的手說：「天下真有這樣標致的人物，我今兒才算見了！況且這通身的氣派，竟不像老祖宗的外孫女兒，竟是個嫡親的孫女，怨不得老祖宗天天口頭心頭一時不忘。只可憐我這妹妹這樣命苦，怎麼姑媽偏就去世了！」

在這席話裡頭，王熙鳳不僅誇了賈母，誇了林黛玉，還把元春、迎春、探春、惜春都誇了。怎麼誇的？王熙鳳首先誇林黛玉「天下真有這樣標致的人物」，正面誇讚林黛玉出落得十分標致。再接著說：「況且這通身的氣派，竟不像老祖宗的外孫女兒，竟是個嫡親的孫女，怨不得老祖宗天天口頭心頭一時不忘。」這句話誇林黛

玉不像外孫女，更像是嫡親孫女（雖然同血緣，但在古代嫡親與外親是有較大區別的），這句話中，不僅誇了林黛玉一個，還側面誇了「四春」氣派又標致。正面誇林黛玉，側面誇嫡親的孫女，而她們五個都是賈母的（外／嫡親）孫女，誇賈母的孫女也就同時誇了賈母。

所以參照這個例子，有人說誇別人兒媳，會不會被人家兒子打？如果是下面這種誇法，我想人家會很開心吧，怎麼會想打人？

「您真有福氣啊，您家媳婦平時待人處事真的是沒話說，討得這麼個好兒媳，您家兒子也是有本事啊！」

第 8 章

用邏輯思維進行思考

8.1

你以為正確的
不一定正確

在現實生活中，有許多我們自己以為是正確的觀點，
但實際上並不正確。通常有以下三種情況：

　　1. 沒有屬於自己的觀點，但以為自己說的是對的；

　　2. 掌握的訊息不全面，僅通過有限的訊息做出判斷；

　　3. 認知上存在錯誤。

圖 8-1　你以為正確的不一定正確

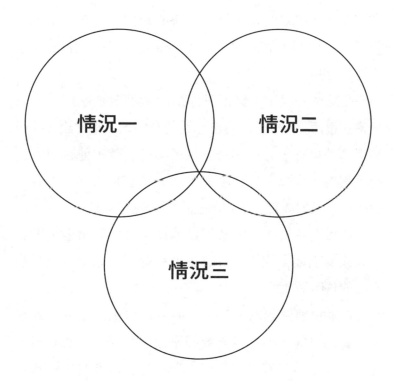

先來說說第一種情況「沒有屬於自己的觀點，但還以為自己說的是對的」。

　　這類人看到一個瘦子在吃泡麵，就會說：「怪不得你這麼瘦，老是吃這些沒有營養的東西。」看到了一個胖子在吃泡麵，他又說：「怪不得你這麼胖，老是吃這些垃圾食品。」

　　在這個人說出「怪不得你這麼瘦，老是吃這些沒有營養的東西」時，他以為自己說的是對的。當他說出「怪不得你這麼胖，老是吃這些垃圾食品」時，他也以為自己是對的。實際上他自己都不知道什麼是對的，沒有一個屬於自己的觀點，但以為自己說的話是對的。

　　這類人在生活中處處可見，甚至可以說這種情況在每個人身上或多或少都會發生，這歸根到底是自己某些方面的狹隘造成的。

　　狹隘會導致愚蠢、封閉，而且最可怕的是，它封鎖了改善的可能，所以我們要經常思考問題，反思自己，在掌握大量科學資料的基礎上形成自己的觀點，這樣才不容易被自己的狹隘迷住雙眼。

第二種情況是「掌握的訊息不全面，僅通過有限的訊息做出判斷」，這種情況應該很多人都知道。

在電影《搜索》中，女主角得知自己得了癌症之後，坐在回家的公車上心力交瘁。她戴著墨鏡掩飾痛苦和絕望，並沒有注意到旁邊站著老人，當然更談不上讓座。隨後，乘客們關於這女人沒素質的議論讓矛盾激化，電視台介入了，公眾輿論推波助瀾，最終，女主角跳樓輕生了。

在其他乘客眼中，女主角戴著墨鏡，一副高冷的樣子，旁邊站著一位老人，但她還淡定地坐在那兒，於是便以為女主角沒有素質。

但女主角身患癌症的事情他們不知道，他們僅僅通過自己看到的有限訊息，便做出了「這人沒有素質」的判斷。在生活中，有些人看到年輕女性獲得上司的認可，就說「這人和上司有一腿」；有些人聽到一位女生的聲音比較嬌，就說人家裝。其實，他們並不了解對方，僅憑一點最浮淺的表面訊息，就對人做了判斷。

第三種情況是「認知上存在錯誤」。

比如，有些人認為一個巴掌拍不響，受害者一定是自己也有過失，才會被侵害。一名學生被欺負，「別人為什麼只欺負你」；女性被強姦，「一定是那女的穿得暴露」；醫生被砍傷，「一定是那醫生沒醫德」。

　　類似的還有：扶起摔倒的老人，「你為什麼扶他？一定是你碰倒的」；別人揭露網路上的虛假宣傳，「你圖什麼？你八成是他們的競爭對手」；微博上某大Ｖ（擁有眾多粉絲的用戶）揭發某騙子，「這人一定是想吸粉」。

　　這就是「在認知上存在錯誤」。

　　為了防止這種情況發生在自己身上，就要端正態度，保持寬容的心，接受他人的建議；同時樹立正確的認知，如不是所有受害者都是有錯的，不是所有人都只在利益驅使下做事。

從不同的角度看待問題

在這節中，我寫了幾個小故事，來說明從不同的角度看問題，會得出不同的結論。所以要學會從不同的角度去看待問題，這樣得出的結論才會更嚴謹、更科學。

8.2.1 秀才赴京趕考

古時候有個秀才赴京趕考，到了京城後找到了一家旅館便住了下來，在臨近考試的前兩天，他晚上睡覺的時候做了三個夢，在第一個夢中他把白菜種在了牆上，第二個夢中他在下雨天又戴斗笠又打傘，第三個夢中他與心上人背靠著背赤裸地躺在一張床上。

他想不通他做的三個夢究竟意味著什麼，於是跑去問算命先生。算命先生聽完他的描述之後說：「我覺得你這次考試恐怕是無望了，還是趕緊回去吧。在一堵高牆上種白菜，這個意思不就是白種嘛！你又戴斗笠又打傘不是多此一舉嘛！和心上人赤裸地躺在一張床上還背靠著背這不是沒戲嘛！」那位秀才聽算命先生這麼說，心一下子就掉進了冰窖，垂頭喪氣地回到旅店收拾包袱。旅店老闆見他這副模樣感到納悶，就問他：「你怎麼還沒考試就趕著回去啊？」秀才聽老闆這麼問，就把緣由一五一十地說給了老闆聽，老闆聽完後對他說：「在我看來，你這三個夢可是很好的預示啊，在一堵高牆上面種白菜意味著你會高中（種）啊！又戴斗笠又打傘這就是有備無患啊！和心上人赤裸著背靠背躺床上意味著你要翻身啦！」秀才一聽，覺得旅店老闆說得很有道理，於是士氣大振，考中了探花。

倘若故事中的秀才聽信了算命先生的話就收拾包袱回去了，他還會考上探花嗎？旅店老闆把這三個夢換了角度重新解說，就讓秀才換了一種情緒去考試。人生在

世，遇到的很多事情都需要從多個方向、多個角度去考慮，而不要從單一的角度去考慮，適時地轉換自己的思想角度，會得到不一樣的看法和觀點。

⟶ 8.2.2 一棵蘋果樹的故事

有一棵蘋果樹，在第一次結果的時候，結了十個蘋果。然而這十個蘋果中它自己才得到了一個，其餘的九個都讓旁人摘走了。於是它變得很不滿，它不希望來年也遇到這樣的情況，於是它開始拒絕成長，不再奮力開花結果。於是在第二年裡，它只長出了五個蘋果。旁人把四個蘋果摘走了，它也是得到了一個蘋果，但是它卻想：「我今年比往年多收獲了百分之十。」於是便感到心理平衡了。

但是，如果當初它想的不是拒絕成長，而是選擇繼續成長，讓自己結果更多，那麼，對於別人而言自己的價值更大，而自己也會更有可能留下更多的果子。

其實更重要的是，蘋果樹無論最終有沒有得到它的

成果，它本身已經得到了成長，並且會一直成長，那就足夠了。

故事中所說的蘋果樹就如同剛剛參加工作的大多數人，總是會覺得自己是個「人才」，等著伯樂來挖掘自己，但是現實卻往往給我們潑了一瓢又一瓢的冷水，我們會發現，自己在工作中的收獲一次又一次被他人獲取，於是開始垂頭喪氣，不願意拚盡全力去努力工作，像那棵蘋果樹一樣想要停止生長，失去了當初的激情。

其實我們忘記了努力生活不是為了他人，而是為了自己。太過在意眼前的得失，會讓人變得目光短淺，失去進步的動力。

還有一個類似的例子。

在很久以前，一位長者遇到了兩位飢腸轆轆的行人，長者手裡邊有兩樣東西，分別是一根漁竿和一簍魚，長者說他可以把這兩樣東西送給他們，讓他們自己挑選自己想要的禮物。於是這兩個人中一人拿走了漁竿，一人拿走了一簍魚。他們便就此別過。拿走漁竿的人還要繼續忍受飢餓，在他還沒走到河邊的時候，他就已經撒手

人寰了，臨死前淚茫茫地看著手中的漁竿。而得到一簍魚的人，則邊趕路邊吃魚，一簍魚很快就被他吃光了。而後他也就沒有食物，又開始了忍飢挨餓的日子。過了沒多久，他也像得了漁竿的人一樣餓死在路途中。

後來，這位長者又遇到了兩個飢腸轆轆的行人，長者同樣對他們說，他可以把漁竿和一簍魚送給他們，他們也是各選擇了一樣物品，但是卻沒有分道揚鑣，而是選擇同行，他們靠著手中的一簍魚，長途跋涉到了河邊，拿著漁竿在河邊釣起了魚，他們不僅都活了下來，而且日子越過越好，後來彼此又有了各自的家庭，生活過得十分安樂。

在這個故事中，長者讓行路人二選一，第一組的兩人思路被限制住了，而第二組的兩人換了角度看問題：雖然每人只能選擇一種，但兩人合作，每個人就能既吃到魚，又有魚竿可以繼續維持生計。

→ 8.2.3 聰明的小男孩

　　一個媽媽帶著她的兒子去小店鋪買東西，由於小男孩長得很可愛，老闆看了喜不自禁，就拿出了一罐糖果，打開蓋子，讓小男孩自己抓一把糖果吃。然而這個老闆無論怎麼邀請，小男孩都無動於衷，最後老闆無可奈何地自己抓了一把糖果往小男孩口袋裡塞。小男孩的媽媽覺得很納悶，為什麼自己的孩子一直沒有動靜呢？等回到了家裡，媽媽問他：「你剛剛為什麼不自己抓一把糖果呢？」小男孩回答說：「我的手掌沒有老闆的手掌一半大小，所以我等他抓給我，抓得比較多啊！」

　　看這個故事，你也許會笑，這個小男孩古靈精怪，還挺機智的。他機智在哪裡呢？他機智在他知道自己的局限在哪裡裡，而他又知道他能依靠誰把事情做得更好。所以懂得如何使他人主動幫你忙，用他人的優勢去填補你的缺陷，會讓你把事情做得更好。

$\longrightarrow$ 8.2.4 俞仲林的牡丹

國畫家俞仲林擅畫牡丹，求畫者無數。有一天有個人慕名而來，要了俞仲林的一幅牡丹畫回去。但是那個人的一個朋友在他家裡看到了畫後卻直呼不吉利，那人問朋友為什麼，朋友解釋說：「牡丹花象徵著富貴，但是這幅畫上的牡丹卻缺了一角，這不就成了『富貴不全』的寓意了嘛。」那個人仔細一看，發現了牡丹花確實缺了一角，於是跑回去想請俞仲林再畫一幅。俞仲林見了他說：「牡丹既然寓意富貴，那麼缺少了一邊，不是也可以解釋為『富貴無邊』嗎！」那人覺得俞仲林的解釋也很對，於是便又興高采烈地把畫捧回家中。

如同本節中第一個秀才的故事中，同樣的夢可以有不同的解法一樣，這個故事中對同樣的一幅畫，也可以有不一樣的看法。心態不一樣的人，看問題的角度也會不一樣。遇到事情多嘗試換不同的角度去思考，這樣有助於開闊我們的眼界，看待問題也會更加全面。

你受什麼影響

　　或許你會以為，一直以來，你的行為都是你自己的
選擇：早上起床洗漱完畢，打開冰箱，從牛奶和橙汁中
選擇了牛奶；出門前，從布鞋、高跟鞋、涼鞋中選擇了
涼鞋；到了超市買了一大堆的零食，結賬前從旁邊拿起
一盒口香糖……

　　你是否想過，其實你的許多選擇都直接或者間接地
受到了外界的影響。從冰箱裡拿出牛奶可能是受到觀念
的影響，認為早上喝牛奶比較健康，也可能是被外包裝
上的某些字眼吸引；選擇涼鞋是因為外面天氣炎熱，涼
鞋透氣、舒服；到了超市買一堆零食的原因可能就更多
了。

一個精明的超市會利用各種消費者心理來左右消費者的行為。進門後，可能首先聞到剛剛烤好的麵包或者爆米花的香味，這是為了增加你的飢餓感，從而讓你更容易買平時不會購買的商品；鋪在超市上的地磚，大小是選定好的，不會太大，不會太小，目的是讓你有一種「我會不會走太快了」的錯覺，從而使你放慢腳步，增加瀏覽商品的時間，提高你購買的可能；而商品標價上的「限時促銷」或「限量促銷」會激發人們貪小便宜的心理；然後看看商品的包裝，包裝往往會用驚爆、驚喜的形狀來讓消費者產生衝動。

　　我們的行為其實一直都在受外界的影響，可能是顯性的（如天氣、交通狀況），也可能是隱性的（如消費心理）。所以，如果我們要進行決策，一定要思考清楚，做出決策的真正理由是什麼，這個理由是否符合事實、是否充分。

　　在第 9 章中，我們會進一步展開這一話題，告訴你怎麼運用理性思考，從而做出正確的決策。

8.4

擴展：
你平時的努力對了嗎

　　有很多人以為自己很努力，但實際上，那只是單純的忙碌：花了兩個小時才寫完企劃，好像自己很忙碌，但其實是你不會運用模版；待在圖書館裡一整天，好像自己很努力，但你看書半小時才翻了兩頁；花了半個月練習打字，好像自己很刻苦，但你打字時能先不看鍵盤嗎？

　　若是前幾次不懂得用方法，那還情有可原，但有的人一直效率很低，甚至形成了習慣，然後還自我感動地說「我很忙」、「你看我多麼的努力」。其實，你是在錯誤的地方努力，做著沒有效率的無用功。

要真正讓努力不白費，讓自己的苦不白吃，首先要少做無用功，對一件事我們可以通過兩個角度來分析：收益值與半衰期。

　　收益值指的是收益大小。這個收益不僅指物質方面，還指精神方面，如玩遊戲時的愉悅、看一本書發現的一種新奇的價值觀、與神人交談後的領悟，這都是精神方面的收益。

　　半衰期，在這裡指的是收益隨時間遞減直至消失的時間。如玩遊戲的時候很刺激、很興奮，但結束之後感覺很快就淡了，這便是半衰期短的活動。

　　我們可以通過收益值與半衰期把事情分為四個象限（如圖 8-2 所示）：長半衰期＆高收益值、短半衰期＆高收益值、短半衰期＆低收益值、長半衰期＆低收益值。

圖 8-2 通過收益值和半衰期把事情分為四個象限

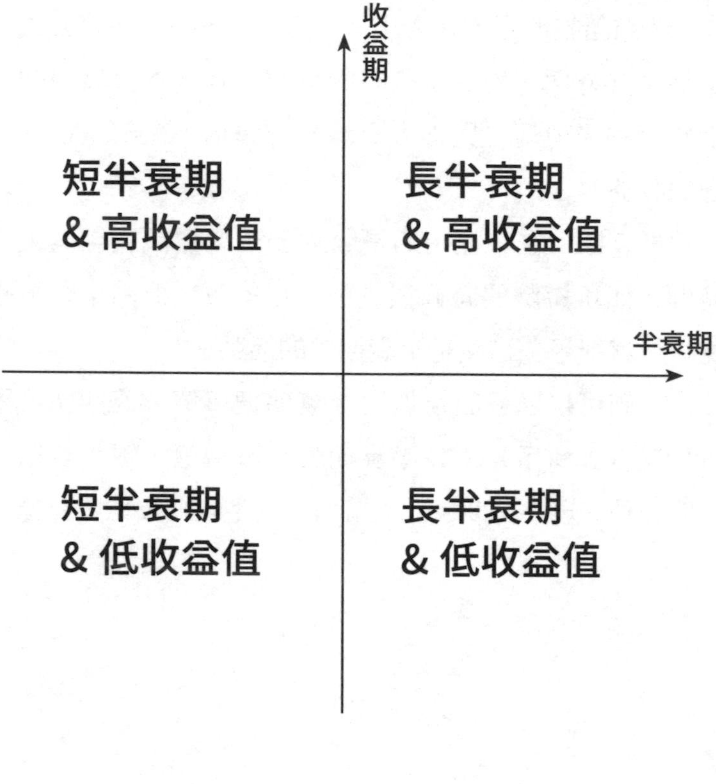

収益期

半衰期

短半衰期
& 高收益值

長半衰期
& 高收益值

短半衰期
& 低收益值

長半衰期
& 低收益值

長半衰期＆高收益值事件：如看一本顛覆價值觀的好書，與一位神人交流。

　　短半衰期＆高收益值事件：如買一件當季流行的衣服，看網絡上的快餐小說，玩一下午的手機。

　　短半衰期＆低收益值事件：如在網絡上吵一場沒有意義的架，漫無目的地刷朋友圈，看著天空發呆。

　　長半衰期＆低收益值事件：如學習書法，每天早睡五分鐘，每天早起五分鐘。

　　而要讓自己的努力不白費，讓自己的苦不白吃，第一件要做的就要少做無用功，少做短半衰期的事。我們平時喜歡做的、做得最多的事就是短半衰期＆高收益值的事，如刷微博、刷朋友圈、玩遊戲，其次是短半衰期＆低收益值的事，如發呆。短半衰期意味著沒有長久的好處，把時間比作金錢，把自我產生的價值比作商品，那麼短半衰期的事便是性價比低的買賣。若想要正確地努力，想要讓自己有更多的精力、時間來做能夠提高自己的事，那麼第一件事便是少做短半衰期的事。

　　長半衰期的事有兩個象限「長半衰期＆高收益值」

與「長半衰期＆低收益值」，無論哪個象限的事都建議多做。無論收益值高低，只要收益可以累加，都建議多做，如：

- 有原則地交友
- 積累良好信用
- 反思與總結自我
- 培養價值觀
- 提高審美水平
- 保持健康
- 鍛煉身體

多做長半衰期的事，平時多加積累，讓自己保持正確的努力方向，讓自己的時間、精力用對地方。最後，執行力很重要，所謂執行，就是去做，單單知道怎麼做，並不能讓你變得優秀，執行才是關鍵！

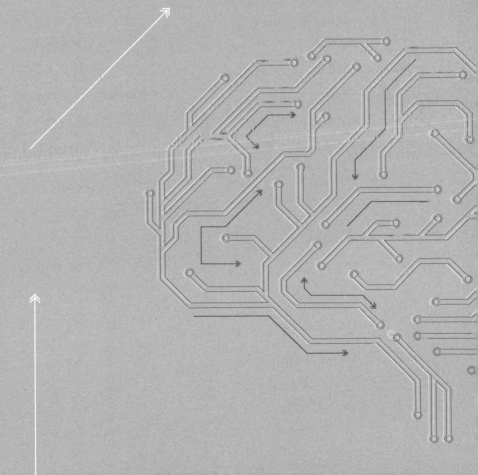

第 9 章

用理性決策

前面兩章我們講了「用智慧思考」與「用邏輯說話」，相信大家的思維已經相對以前更加有邏輯了，知識也更加系統化了，這章我們就來講講如何「用理性決策」。在我們的學習中、生活中、工作中，決策無處不在，這一章就是要幫助你更好地決策，也幫助你判斷你之前的決策是否正確。

生活中
看似錯誤的決策

在開始系統地講解前，我們先來說說在生活中看似錯誤的決策。你原本以為錯誤的真的錯誤嗎？2009 年經濟學家茅於軾在接受媒體採訪時稱：「廉租房應該是沒有廁所的，只有公共廁所，這樣的房子有錢人才不喜歡。」他事後還解釋，自己的觀點絕不是在「為富人說話」，恰恰是出於對社會上最困難人群的關心。

當時茅於軾的這番話被大小媒體報導，網路上出現各種謾罵聲：「廉租房不設廁所，什麼時候都得去擠公廁，這能叫滿足了基本生活需求嗎？難道有些人所理解的基本生活，僅僅是不餓死不凍死？」「國家推出廉租房措

施，本意是給社會所有成員最起碼的尊嚴，不給廁所算什麼？」甚至有網友直接問候他的父母，發表各種沒有素質的言論。

其實茅於軾的話是有其道理的。廉租房，也就是保障性住房，是政府針對特定的低收入群體建造，具備基本生活功能的住房。這些房子的租金都很低。而在一個城市，可能一片廉租房附近就是可以自由買賣的商品房。假設商品房和廉租房沒有什麼區別，商品房一個月的租金可能是人民幣 1200 元，而廉租房的租金可能只需要200 元，差價為 1000 元（在一些城市，差價可能更大）。差價 1000 元也就意味著一個人花 200 元租過來，再租出去，就能憑空獲得 1000 元的利潤。

馬克思曾說過：「當利潤達到 10% 的時候，他們將蠢蠢欲動；當利潤達到 50% 的時候，他們將鋌而走險；當利潤達到 100% 的時候，他們敢於踐踏人間的一切法律；當利潤達到 300% 的時候，他們敢於冒絞刑的危險。」而現在是 500% 的利潤。

所以會有人選擇通過各種手段，用每月 200 元租下

這個廉租房，然後以低於每月 1200 元的價格租出去。廉租房是有限的，唯利是圖是所有人的本性，這樣一來貧窮的家庭就沒有辦法享受廉租房這項社會福利了。

政府為了避免這種情況發生，需要進行必要的介入：為了防止有人開具虛假證明，需要審查申請人提供的材料，增大對造假者的處罰力度；為了防止主管機關被賄賂，可能會加大處罰力度，也可能同時給官員發放更多福利（高薪養廉，這也是有經濟學原理依據的）；為了防止有人通過離婚、分戶口等方式製造出更多的戶口，一次租多套廉租房，可能要與公安機關聯合，增加排查。但只要開具虛假證明和行賄的成本和風險小於每個月 1000 元，就總會有人去做。他們只要想出一種有效的方法就會鑽漏洞，而政府要想出所有可能的方法才能最大限度地避免有人鑽漏洞。如果政府介入的成本超出了平均每個月每套房 1000 元，那就是傷敵八百，自損一千，還不如直接給符合資格的人發 1000 元的補貼。

而且即使政府機關將廉租房的審核做得天衣無縫，不具備資格的人都無法申請到廉租房，我們也沒辦法杜

絕貧困的人為了每個月 1000 元的收入，在申請到廉租房後，再將其出租換取收入。這種行為幾乎無法監管，等於政府最終每個月為貧困的人補貼了 1000 元錢，還增加了許多行政成本，而貧困人口的住宿問題還是沒有解決，地鐵站或者候車室裡可能還是會出現貧困人口。

所以現在我們再來看茅於軾的想法：「廉租房應該是沒有廁所的，只有公共廁所，這樣的房子有錢人才不喜歡。」是不是感覺到很有道理？除了讓廉租房沒有廁所，還可以通過禁止接入有線電視、禁止安裝網路等方式打壓廉租房的市場價格，這樣才能讓真正需要廉租房的人有房子可住。

有很多看上去錯誤的決策，如信用卡低淨值客戶權益過少、經濟學論文發中文期刊獎勵過低等，都有它們背後的道理。所以我們平時在判斷的時候最好不要太過於主觀，要追根溯源，探求其背後的深意。

在工作中也是如此。我在網路上經常看到一些吐槽，比如「明明是虧錢的案子還要做」「同樣的貨，另一家標價更低，老闆腦子有病」……確實不得不承認，老闆

也有可能決策失誤，但有些在你看來愚蠢的行為，老闆或許有其理由。很多時候老闆是知道這個案子不行，知道有另一家公司持更低的標價，知道有另一條途徑能獲得更多的短期利益，但一般情況下，他們掌握的訊息更多，考慮的也更長遠。當感到老闆在做蠢事時，先設身處地想想老闆為什麼這麼做，或許有一些意外的收穫。

9.2 決策中的陷阱

　　人們一直都在努力地研究大腦的運行方式，試圖了解思維的本質。現在的研究發現，人們在做決定時，都會無意識地利用先前的常規思維方式來解決決策過程中的複雜問題，儘管在很多時候我們的感覺是對的，但是事實卻並非如此。舉例來說，看看謝巴德的桌子（如圖9-1所示），不管你相信與否，圖中兩張桌子的大小是相同的：一張桌子可以疊加在另一張桌子上（如果你不相信的話，可以把圖剪下來，互相疊加比較一下）。

圖 9-1　謝巴德的桌子

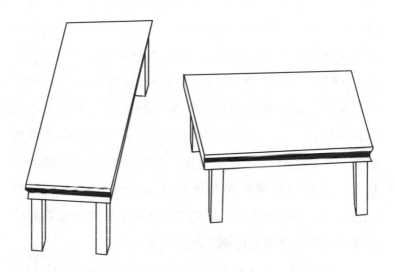

在做決策的時候，謹慎的決策者通常會評估自己所處的狀況（有多少時間、賬上有多少資金、手上有多少人力等）。不過，有一些決策者太過於害怕潛在的風險了，所以他們會採取代價高昂的措施來防範一些不太可能的風險（防範是要的，但當這些風險發生的機率太小時，可以考慮適當地減少防範措施）；另外有一些決策者太過自信，低估了某些決策的重要性（如國內的某些公司，鐵了心要進入一個已經有龍頭壟斷的行業，結果行業龍頭一開始壓低價格，新進公司就因為無法承受價格戰而破產了）；還有一些決策者容易受到經驗主義的影響，左右他們的往往是過往的經驗（如當年芬蘭的諾基亞，沒有發現觸控螢幕手機未來的市場，沒有發現 Symbian 系統的局限性，從而沒有及時跟進做安卓系統的手機，最終從手機業的霸主地位上摔了下來）。

太過謹慎、太過自信、經驗主義只是決策陷阱的一部分，除這些之外還有很多的陷阱會影響決策。

→ 9.2.1 陷阱一：固守現狀，不敢嘗試

我們每個人都更願意相信自己的決定是正確的、理性的。但實際上，我們在進行決策時，往往是有偏見的。人們進行決策時有一個總體的趨勢：更傾向於維持現狀。例如，畢業後更傾向留在自己熟悉的城市；生活中更喜歡與自己熟悉的人相處，而不敢去搭訕陌生人；就業時更願選擇與所學專業的行業，而不太敢轉行；第一次看到披薩時，「披薩不就是個大餅上鋪點肉」；第一次看到壽司時，「壽司不就是放塊魚在米飯上」……這些都是保守的表現。

「披薩不就是個大餅上鋪點肉」、「壽司不就是放塊魚在米飯上」，這種思維都是用已知的舊事物來理解新事物，無傷大雅。iPhone 剛出來的時候，人們說：「這不就是個能打電話的 iTouch 嗎？」iPad 剛出來的時候，人們說：「這不就是個放大的 iPhone 嗎？」現在，iWatch 上市，人們又說：「這不就是個綁手上的小型

iPhone 嗎?」隨著我們慢慢熟悉它們,我們也就不會這麼說了。

而「更傾向留在自己熟悉的城市」、「更喜歡與自己熟悉的人相處,而不敢去搭訕陌生人」、「更願意選擇與所學專業相關行業,而不太敢轉行」,可能對人消極的影響要大於積極的影響。我身邊有個朋友,畢業後找了一份能夠勉強養活自己的工作,工作內容單調無趣,幾乎學不到什麼可積累的知識,可朋友依舊不敢轉行,從剛開始工作到現在,嘴巴上一直說著轉行換工作,卻遲遲不肯行動。現在幾年過去了,嘴上還是說想換工作,但我想應該不會換了吧。

維持現狀的根本原因是恐懼,懼怕受到傷害。人對未知的事物總是充滿恐懼的。人類最早是飲用河水,但在取水時往往有很多的麻煩:乾旱時沒水可取;洪澇時很危險,水又渾濁;冬天河水給凍住了,很難取水;晚上野獸出沒,只能早上取水……所以缺水的情況常發生。一天,有個人無意中發現了地下水,於是挖了一口井。這樣取水方便衛生,可以隨取隨用。然而其他人不敢用

井裡的水：「因為原來我們一直都是喝河水，從來沒有試過井水，這黑漆漆的洞通向地下，但地下究竟有什麼我們不知道！」

有人造了一些謠言，並傳播了出去，引起了族人的恐慌，破壞水井的事也經常發生，總之鬧得人心惶惶，再也沒人敢喝井水了。對於這個故事，可能會有人說「群眾愚昧無知，不肯接受新事物」，但我們如果不站在上帝視角，而站在群眾的角度來看，就會了解他們的想法：「我一直都是喝河水，沒試過井水。井水可是來自地下，誰知道地下究竟有什麼。我命可就一條，萬一出事了怎麼辦？」

群眾只是單純地對未知事物有不理解和恐懼罷了。因為害怕做出行動要承擔責任，所以選擇維持現狀，這一選擇也不足為奇。多數情況下，維持現狀意味著更加安全。

很多實驗的結果都證明，人們更願意選擇維持現狀。有這樣一個實驗，實驗人員把受試者分成了兩批，其中一批受試者得到了杯子，而另一批則得到了巧克力。實

驗人員告訴所有受試者他們可以互相交換，結果是只有大約 10% 的人選擇了交換禮品。想一想，只是幾分鐘前才形成的現狀，人們都更願意維持。

還有實驗表明，人們面臨的選擇越多，就越傾向於維持現狀。例如，當人有 A 和 B 兩個選項可供選擇，而不是只有 A 可供選擇時，更多人會傾向於維持現狀。這是因為從 A 與 B 中做出選擇需要付出額外的精力，而維持現狀不需要付出什麼。

十四世紀的法國哲學家布里丹（Jean Buridan）講過這樣一個寓言故事：一頭飢餓至極的毛驢站在兩捆完全相同的草料中間，可是它卻始終猶豫不決，不知道應該先吃哪一捆才好，結果活活被餓死了。因此人們常用「布里丹之驢」來比喻那些優柔寡斷的人。後來，又把決策中猶豫不決、難做決定的現象稱為「布里丹效應」。布里丹效應也能夠反映出：「人們面臨的選擇越多，越傾向於維持現狀。」

在許多企業裡，老闆在意的不是員工做對了什麼，而在於員工做錯了什麼。你沒做什麼事，什麼事都沒有，

而你多做事，如果出了問題，比什麼都不做受到的懲罰更大。因此在大多數企業裡，維持現狀的現象十分常見（這也是很多人說國企效率低下的原因之一）。

那麼我們要怎樣做才能避免維持現狀陷阱呢？其實，我們不可能完全避免，只能夠盡可能地減少維持現狀陷阱所造成的損失。為了減少維持現狀陷阱造成的損失，我們應該：

• 記住，維持現狀可能是最好的選擇，但是在這個瞬息萬變的時代裡，維持現狀的風險越來越高。具體可以參照當年的諾基亞，只追求維持現狀讓諾基亞從手機業的神壇上摔了下來。

• 明確目標，並經常考察維持現狀是否與你的目標相一致。如果不一致，要好好地考慮下及時停損。

• 切勿將維持現狀當作自己唯一的選擇，而要找出其他的選擇，與當前的現狀做一下比較，在多種選擇下仔細考量進行篩選。

• 客觀評價改變現狀的成本，不要誇大需要的成本（不要說換行業就會找不到工作，離婚就不會幸福）。

• 對決策好壞的評判不只是單純看現在過得怎麼樣，還要考慮到，讓短期利益受損的決策，可能對長遠發展有好處。

• 如果你有比現狀更好的若干選項，那麼不要因為難以做出抉擇而選擇維持現狀。這時候你應該強迫自己做出選擇，不然你可能就像布里丹的毛驢一樣餓死自己。

⟶ 9.2.2　陷阱二：他人設錨，
請君入甕

舉一個最簡單的「錨定效應」的例子：在日常生活中，我們在選擇商品的時候會詢問商家商品的價格，此時我們就非常容易落入商家設置的「錨定效應」陷阱。商家會告訴我們這件商品的價格，我們便會對那件商品的價值有了一定的估計。在這裡售貨員給出的價格就是「錨定效應」中的「錨」。如果允許我們對這件商品砍價的話，我們便會在商家給定的「錨定」價格基礎上往下壓一壓，但是價格始終與「錨定」價格相差不遠。

再比如，我們經常會聽到一個小故事：起初，早餐店賣早餐的時候，總是會問顧客：「請問您要加雞蛋嗎？」這樣的問法並沒有為他們帶來多少可觀的利益，因為大部分客人在這一問句中產生的直接思維就是他們有兩個選擇：加蛋或者不加。所以一部分顧客選擇了「不加雞蛋」這個選項，而加雞蛋的通常也只加一個。而後來早餐店想到了這一點，於是讓店員換了問法：「請問您需要一個雞蛋還是兩個雞蛋呢？」製造「錨定效應」陷阱給顧客，顧客如果不多想就一定會加雞蛋，有的甚至會加兩個。可見，我們經常會陷入商家給我們預設的「錨定效應」陷阱！

　　錨定效應最早由阿莫斯・特沃斯基（Amos Tversky）與丹尼爾・卡尼曼（Daniel Kahneman）觀察到並理論化。他們做了一組實驗，將被試隨機分為兩組，一組被要求在五秒內計算 1×2×3×4×5×6×7×8，另一組被要求在五秒內計算 8×7×6×5×4×3×2×1。由於參加者沒有足夠時間計算，所以他們嘗試估計答案。由小數字開始（1 到 8）的一組被試大概估計是 512，由大數字開始

（8 到 1）的一組被試估計是 2250。正確答案是 40320。在其他「估計」類實驗中，也觀察到了相同的現象。

　　錨定效應，「錨」指參考點，它有多種外部表現方式，可能非常簡單、細小、隱蔽，讓人聯想不到它對我們產生了影響。你今天早上在某新聞網站看到的一句評論、在街邊廣告看到的一組數據、剛剛與你一起坐電梯的年輕人的口語，這些都可能會變成「錨」。

　　人類在進行決策時，會給最早取得的第一手資訊（即錨點）過高的權重，即使這個第一手資訊可能與這項決策毫無關系。在進行決策時，人類就是傾向於利用最早取得的第一手的片斷資訊，快速做出決策，然後在接下來要進行的決策中，以這個第一手咨詢作為基準點，再逐漸地進行修改。這很容易就會造成偏差。這就是錨定效應陷阱。

　　銷售人員在預計下一年的銷售額時，會以過往幾年的銷售數據作為參考，在此基礎上，根據其他因素進行上下的調整。這裡，過往的數據就成了「錨」。這種方法在多數情況下會讓決策者做出相當準確的判斷，弊端

則是對其他因素相對不注重，一旦條件產生較大變化，就有可能決策失敗。尤其是在我們身處的瞬息萬變時代，過往的經驗正變得越來越不可靠。

由於「錨」會成為決策的重要依據，所以精明的談判者常常會利用它來作為談判的手段。被譽為「美國體育經濟之父」的斯坦伯格（Leigh Steinberg）就是這麼一位精明的談判者。在 1975 年，斯坦伯格跟他的第一個客戶——初出茅廬的美式足球四分衛巴特科夫斯基——簽了約。簽約後，斯坦伯格要為他尋找足球俱樂部。但是在尋找過程中，斯坦伯格卻遇到了麻煩，俱樂部都不願意接納這麼一位初出茅廬的小伙子。

此時斯坦伯格已經明顯處於劣勢，但是他面對足球強隊時居然沒有半點退縮，反而毫不示弱地先開了價格，他表示必須滿足高達 75 萬美元的薪資要求，才同意合作。這可是有史以來美式足球新人的最高要價，這在當時引起了轟動。在這場談判當中，俱樂部都被這個價格嚇到了，此後經過多次討價還價，斯坦伯格最終與對方簽訂了 60 萬美元的合約。

這個故事中，俱樂部由於沒有先開價，讓斯坦伯格先發制人，給俱樂部建立了一個「錨」，俱樂部會認為能開出這個價格的人能力是可信賴的，於是在這個「75萬美元」的「錨」的影響下，他們還價也只能在「75萬美元」的附近。這就是斯坦伯格談判的高明之處，讓俱樂部不知不覺中落入「錨定效應」陷阱之中。

　　在我們的學習中、生活中、工作中，決策無時不存在，我們就是一個決策者，那麼我們要怎麼做才能避免錨定效應陷阱？

　　• 遇到問題要養成多角度去分析、思考的習慣。在思考問題的時候不要老是採取同樣的方式、同樣的角度，而要從不同的出發點去思考，不要永遠保持一個想法，固執己見，故步自封。

　　• 在獨立思考後，再向他人詢問，不要被他人的想法左右。就像上面例子中的俱樂部，在與球員經紀人見面會談前，最好先想好自己能夠接受的範圍，再思考出最合適的報價範圍。

　　• 理解和包容新的思想，現在這個時代訊息更新很

快，要抱著理解、包容的態度看待新事物，讓自己與時俱進，而不是保守退後。理解、包容新的思想、新的觀念，以擴展你的參照系，將你的思維打開。

• 注意不要向你的咨商師、心理醫生等你要尋求訊息和忠告的人「設錨」，盡可能客觀地說出自己的訊息，而盡量少地說出自己的看法、初步的決定。如果你說得太多，可能對方給出的想法會受到你的影響，失去客觀性。以前看到過一個很蠢的調查問卷，其中有一道問題是這樣的：「專家說，每天早上起床後空腹喝一杯水有助於身體健康，請問你早上起床後會空腹喝水嗎？」這個問題就是典型的「設錨」。

• 在談判前，仔細思考自己的立場。先問問自己：「你能接受的條件是什麼？」、「你心目中的理想價位是什麼？」以防止被對方最初的提議所「錨定」。同時，你要找機會為對方「設錨」，比如你是賣方，可以先給對方一個貴但不至於離譜的價格。

$\longrightarrow$ 9.2.3 陷阱三：越陷越深的「沉沒成本」陷阱

　　說完了維持現狀陷阱與錨定陷阱，我們現在來說說另一種決策中常見的陷阱：沉沒成本陷阱。沉沒成本陷阱實際上是一種根深蒂固的偏見：為了證明過去的選擇是正確的，我們做出了現在的選擇，即使過去的選擇現在看來已經不再正確。

　　舉例來說，如果你預定了自助餐，已經付了錢且假設不能退錢。此時就算你不去吃飯，錢也一樣收不回來，自助餐的價錢就是你的沉沒成本。

　　有時沉沒成本不是全部價格，它只是你所付出價格成本的一部分。比方說，你買了一輛汽車，然後開了幾天後，低價在二手市場賣出。此時原價和你的賣出價中間的差價就是你的沉沒成本。而且這種情況下，沉沒成本隨時間而改變，你開那輛汽車的時間越長，一般來說你的賣出價會越低（折舊）。

　　有很多經濟學家是這麼認為的：倘若你是理性思考

的人，就理應在決策中不考慮沉沒成本。比如在前面提到的吃自助餐的例子中，假設你並不餓，會有兩種可能的結果：

1. 付錢後發覺自己並不餓，但忍受胃脹吃下去；
2. 付錢後發覺自己並不餓，退場去做別的事情。

無論哪種情況，你都已經付過了錢，那麼，你就不應該考慮付錢這件事情。你當前的決定應該是基於你是否想繼續吃，而不是你為這一頓飯付了多少錢。此時應該以自助餐免費的心態來進行判斷。經濟學家往往建議選擇後者，這樣你只是花了點冤枉錢，但可以騰出時間來做其他更有意義的事，還能不讓自己的胃撐著，而選擇前者你還要繼續受罪。

那些付出並且再也不可能收回的成本，就是經濟學中的沉沒成本。在理性上，我們都知道沉沒成本不應影響決策，但這只是理性上的認識，沉沒成本依然會影響我們的思維，進而影響我們的決策。

人們無法不在意過往決策的影響，因為無論有意還是無意，人們常常不願意承認自己犯了錯。職場生活中

通常會遇到這樣的情況：發現自己當初招納進來的「人才」並不是自己最初想的那樣，但此時如果解雇這個人，顯然會被他人認為這是承認當初的選擇是個錯誤。所以在一個企業中，決策者即使在後來發現自己招納進來的「人才」並不是「人才」，也會想方設法把他培養成為一個「人才」，而並不是做出決定解雇他。就如同在一支足球隊中，即便沒被選擇納入的球員的表現要比被選擇納入的球員的表現好很多，教練也會比較青睞自己選擇的球員，而這也可以用「沉沒成本」效應來解釋。

　　亞科斯（Hal Arkes）和布魯莫（Catherine Blumer）在 1985 年做了個實驗：如果你是航空公司 CEO，你們要生產出一種無法被雷達識別的飛機，也就是隱形機。你為了這個案子已經投入 1 億美元了，但是在這個案子完成到了 90% 的時候，另一家企業搶先一步把類似的隱形機投入了市場，並且這款隱形機的優點比你們正在設計的還要多，速度快而且經濟實惠。這時你要開始思考：是繼續投入資本去完成案子，還是放棄呢？實驗證明，這個實驗 85% 的參與者都會選擇繼續在這個案子上投入

成本。但是航空公司的主管卻不是這樣決定的，他們決定終止對該案子的投入。

一個睿智的決策者往往會注意到「沉沒成本」陷阱，選擇繞開它。既然花費的已經不能重新獲得，那就乾脆丟棄它，不然投入更多的資本，只會令自己的成本損失加倍。

英特爾的創始人之一安迪·葛洛夫（Andrew Grove）便是個睿智的決策者，與公司擔任董事與 CEO 的摩爾討論當時所遇到的困境時，葛洛夫就問摩爾：「如果我們下台了，那麼新上任的總裁會怎麼選擇呢？」摩爾想了想答道：「應該會選擇放棄我們眼前的這個記憶體專案。」然後葛洛夫就回答說：「既然是這樣，我們自己為什麼不可以做這個決策呢？」

這個事例中，我們就可以看出安迪·葛洛夫的睿智，他懂得換位思考，以避免沉沒成本陷阱。而很多決策者卻恰恰在這裡摔倒，他們都厭惡自己之前投入的成本「打水漂」，於是越陷越深。

不管是在心理上還是在經濟上，沉沒成本都可能會

擾亂你對當前選擇的判斷，所以不妨嘗試以下的技巧，盡量避開沉沒成本陷阱：

• 向與當前決策無關的人討教，認真傾聽他們的意見。

• 仔細反思自己，為什麼承認以前的錯誤會讓你難過。如果僅僅是因為自尊心受到傷害，那麼就迎頭去解決問題吧，要提醒自己即使英明的選擇也可能會失敗，造成不良的影響。而且，即使是行業裡的佼佼者，也不可能完全避免錯誤的決策。

• 小心沉沒成本陷阱的影響，它不只影響到你的決策，而且往往也會影響到你的下屬的想法、意見與決策。

• 不要養成「害怕失敗」的思維模式，這種思維模式會讓你將改正錯誤無期限地拖延下去。

⟶ 9.2.4 陷阱四：「表述方式」陷阱

日常生活中，我們離不開「表述」。人際交往中要「表述」出彼此的感情；商務合作中要「表述」出自己的意

願和合理權益；我們介紹某個東西也要「表述」出它的特性……總之，「表述」與我們息息相關。而實際生活中，我們的「表述方式」經常會出現不易察覺的錯誤，別人也有時會通過在表述方式上設置陷阱，讓我們忽略掉其中的一些細節。

廣告在我們的日常生活中處處可見，而商家的廣告詞經常會給我們設置「表述方式」陷阱。我們看樓盤廣告的時候，可能看過「買房子送家具」這樣的廣告詞，你看到可能就很興奮，這買房子還附帶送家具，到時候購置家具的費用都省了，超級划算！有的顧客說不定一衝動便購買了這套房產。然而這樣的「表述方式」是有歧義的。「買房子送家具」，這個「送家具」是指「幫您運送家具」呢，還是「送您一套家具」呢？這樣的「表述方式」含混不清、有歧義，容易讓我們落入陷阱。

表述方式陷阱有多種表現形式，它往往和其他心理陷阱有密切的聯繫。有些表述方式可能會設下一個「錨」，還有些表述方式則可能反映出沉沒成本。決策研究者們已經證實，有兩種表述方式特別容易誤導決策。

1. 表述成收益還是損失

研究人員曾經做過這樣一項實驗，向參與實驗的 150 人提出了下面幾個問題。

問題一：假如你面前有兩筆生意，其中一筆生意有 100% 的可能可以賺 800 塊錢；而另一筆生意則有 85% 的可能賺到 1000 塊錢，有 15% 的可能一分錢都沒得賺。

問題二：假如你面前有兩筆生意，其中一筆有 100% 的可能要賠 800 塊錢；而另一筆生意則有 85% 的可能賠 1000 塊錢，但是有 15% 的可能一分錢都不用賠。

分別詢問這兩個問題之後，研究結果發現，在第一個情景下，84% 的人選擇了 100% 賺 800 塊錢的選項，而在第二個情景中，87% 的人都選擇了「有 85% 的可能賠 1000 塊錢，但是 15% 的可能不需要賠償」的選項。

這個實驗利用了在人群中普遍存在的「損失厭惡心理」，讓我們不由自主地跳進了研究人員的「陷阱」之中。人們都有一種喜歡「收益」而厭惡「損失」的心理，所以面對第一種情景的「表述」，我們就會選擇穩賺 800 塊的方案，而不是有 15% 的可能分文不賺的方案。而第

二種，我們會覺得本身就要損失了，卻有 15% 的可能避免損失。

2. 採用不同參照點進行表述

當採用不同的參照點進行表述時，同樣的問題也會得到迥然不同的回答。假設你的銀行賬戶裡有 5000 元，有人說他可以給你轉賬一筆款項，但是你們要做一個交易：「你願意損失與收益的機會對半分嗎？一種情況下你將損失掉 500 元，另一種情況下你將獲得我的 1000元。」

然後換一個問法：「你是比較願意讓你的銀行儲蓄繼續維持 5000 元呢？還是願意讓你的銀行儲蓄賬戶餘額要麼變成 4500 元，要麼變成 6000 元呢？變 4500 元和變6000 元的機率都是 50%。」

這兩個問題所問的其實是一樣的，從理性的角度去分析，我們給出的答案也應該是相同的。但結果卻不是這樣的。實驗結果表明，大部分人在面對第一個問題時選擇了拒絕變化的機會，但是在面對第二個問題時卻選

擇了接受這個機會。人對於這兩種表述方式表現出不一樣的反應是因為，第一種表述方式中的參照點為 0 元，強調了增加的收益和損失，人們一想到損失就會有本能的保守反應；第二種表述方式的參照點是 5000 元，強調了決策的實際財務影響。

說完了兩種容易誤導決策的表述方式，相信你對表述方式陷阱有了大概的理解，哪怕是考慮得再充分的決策，也很容易被表述方式不恰當的問題破壞。下面來說一下，我們怎樣對付表述方式的陷阱。

• 不要隨意接受最初的表述方式，不管這種方式是你自己提出的還是別人提出的。要多嘗試以不同的方法重新表述問題，用同樣意思，但不同情緒的詞來替代原問題中的詞。

• 提出問題時，要盡量選擇把損失和收益進行綜合的考慮，考慮不同角度、不同參照因素。

• 在你的整個思考與決策的過程中，要注重問題的表述方式。在決策的過程中，如果關鍵性問題的表述出現問題，你的想法也會隨之產生變化，所以一定要細心注

意決策過程中的每個關鍵點、每個關鍵問題的表述方式。

→ 9.2.5 陷阱五：「自我實現預言」蒙蔽自我

我們的大腦總是傾向於從無規律中尋找規律，從荒謬中尋找意義。如果我們想起了一個幾個月沒有聯繫的朋友，沒過多久就接到了他的電話，或許我們會感到十分驚訝：「莫非我們有心電感應？」但其實，如果想想你記起一個老朋友的次數，然後想想你每個月接電話的次數，你或許會意識到這種「巧合」發生的機率是很高的。

這些例子就是心理學上說的「自我實現預言」的現象。此外，我們很多人在生活中都喜歡做做小測試，看看星座運勢，並且常常覺得小測試和星座運勢很準。但事實上，這裡面就有「自我實現預言」心理。

看過這樣一個影片：拍攝者在一個時尚設計屋進行實驗，實驗中，他三次扮演了不同的角色。第一次他扮

演一個理髮師，為來店的客人理髮，事實上，他一點都不會理髮，也並沒剪掉客人的一根頭髮。這位客人卻覺得頭髮變輕了，少了很多，真的有修剪過頭髮的感覺。第二位客人前來時，他扮演一名化妝師，但是他也同樣沒有為客人上一點化妝品，他只是用那些未蘸取化妝品的上妝工具在客人臉上隨意點點戳戳罷了，但是這第二位客人竟然覺得自己的妝容很有特色，讓整個人變得神采奕奕；等到第三位客人來時，他同樣扮演彩妝師，但是這回他真的使用彩妝，並且按照自己的喜好對客人化了特別不專業的妝容，客人看完居然還覺得很有國際超模的味道。拍攝者宣稱自己是為明星做造型的造型師，前來的客人都相信了他所說的話，想著他這麼了不起的造型師，為我打造的造型同樣也會很不一般，就是這樣的「自我實現預言」經常蒙蔽我們的判斷。

了解了「自我實現預言」陷阱，現在來說說，對此我們能做些什麼。

需要明確的是，並不是說我們不應該選擇潛意識裡想要做的事情，只不過我們應該確定選擇是否明智。你

需要對此進行檢驗，下面就是檢驗的方法：

• 找一個能唱反調的朋友，為你的決策提供反面意見。當然，如果你能自己提出一些反對意見那就更好了。

• 詢問自己的動機。思考自己是否真的是在搜集訊息以得出明確而有幫助的結論，還是只是在找能實現自我預言的訊息，以便讓自己堅信自己是正確的。

• 向他人徵詢建議的時候，切勿提一些有可能會引出有利於自己設想的指向性問題，不要讓自己被一群應聲蟲包圍。最好的顧問能夠理解你的想法，但又能有理有據地提出自己的想法。與這樣的顧問交流，才能使你做出更好的決策。

9.3

理性地做決策

在 9.2 節中，我已經告訴了大家很多決策中可能遇到的陷阱，在這一節中我將為大家總結一些實用的方式方法，幫助大家理性地做決策。

人際方面

· 找一個能有理有據唱反調的朋友，個人認為與這種朋友交流成長得會更快。你也可以有理有據地提出一些反對他的意見。這樣開放性的交流，有助於集思廣益、打開思維。

交流方面

· 盡可能客觀地說出自己掌握的訊息。

· 提出問題時，盡量嘗試把收益和損失結合起來考

慮，或者把不同參照點都包括進去。

談判方面

‧ 在談判前，仔細思考自己的立場。先問問自己：
「你能接受的條件是什麼？你心目中的理想價位是什麼？」以防止被對方最初的提議「錨定」。同時，你要找機會為對方「設錨」，比如你是賣方，可以先給對方一個貴但不至於離譜的價格。

‧ 當他人陳述一件事時，記得要觀察下對方的表述方式，並用不同感情色彩的詞來替換他表述中的詞匯，看看會不會有不同的感覺，然後用不同的表述方式來質疑他的說法，看看對方會怎麼回覆。

‧ 強調輸入真實訊息的必要性，並反復詢問對方的數據是否真實。

思想方面

‧ 經常從不同的角度思考同一個問題。

‧ 嘗試以不同的方法重新表述問題，用同樣意思但不同情緒的詞語來替代原問題中的詞語，避免表述方式造成的扭曲。

‧理解和包容新思想和新事物。

‧明確目標，並經常考察維持現狀是否與你的目標相一致。如果不一致，記得及時停損。

‧評判決策的好壞不能單純看現在怎麼樣，還要考慮將來的發展。

行為方面

‧如果你有比現狀更好的多個選項，那麼不要因為難以做出抉擇而選擇維持現狀。這時候你應該強迫自己做出選擇。

‧經常進行仔細的自我反思，避免自我預言實現心理影響決策。

擴展：生活中有哪些小事讓你意識到思維的局限性

生活中有很多小事左右了我們的思考，我們往往會被眼前的利益所蒙蔽，被已投入的沉沒成本所誤導，這些都可能讓我們做出看似正確實則錯誤的決策。認清生活中的小陷阱，讓自己不總掉在同一個坑裡。

9.4.1　沉沒成本，不應影響決策

有一個朋友喜歡抽菸，有一天說要戒菸。說完後半

小時又拿出一根菸來。

我：你在幹麻呢？！

朋友：口袋裡還有兩根，畢竟是錢買的。

我：……（把菸搶了過來，丟進垃圾桶。）

朋友現在已經戒菸 3 年了。菸這東西有百害而無一利，抽了對身體沒好處，花錢買的又如何？花錢又傷身，還不如單純浪費點錢。經濟學將這個道理概括為：沉沒成本不應影響決策。

飯沒吃完就已經飽了，就別把自己吃撐了，把多餘的飯菜吃進肚裡，加重了消化系統的負擔，變成脂肪影響身材又有什麼好處？奶茶不好喝，那就別喝了，不要因為錢花了就逼著自己喝下去。玩遊戲被坑了，心裡不爽，那就別玩了，遊戲是供人娛樂、讓人高興的，現在反而心情不好了，不如乾脆不玩。

沉沒成本，不應影響決策。

⟶ 9.4.2 思考他人的行為

高三時，我的班主任為了讓大家放鬆一下，講了他小時候的一件事：「小時候，我們哪有什麼冰淇淋，吃的是冰棒。什麼時候買最好呢？傍晚，這個時候人少，冰棒又快融化了，原本買一根的錢能買兩根。」

能便宜買到的重要原因當然是「快融化了」。不過好像還有另一個原因也不能忽視——「人少」。因為人少，所以能夠付出較小的代價，就換取相對大的回報。

因為人少，旅遊淡季的時候去旅行，較好的酒店可能會免費升級房間；天氣過於炎熱或者寒冷，大家都不願意出門的時候去理髮，有更好的洗髮、按摩體驗，理髮師也會比平時更耐心地修剪你的頭髮；大學食堂人流高峰集中在下課後，所以沒課時在大家下課前十五分鐘去吃飯，人少、菜多、飯熱。

通常人們習慣性地將思維局限在了「自己想做」與「自己不想做」之間，但如果思考下他人的行為，總結出規律，做出合適的行為，往往能獲得更好的體驗。噢，

對了！建議假期別去吃自助餐，上菜慢、服務差、人又多。